THE LIBRARY OF JOHN MORRIS

THE LIBRARY OF

JOHN MORRIS

The Reconstruction of a Seventeenth-century Collection

T. A. BIRRELL

Published for

THE BRITISH LIBRARY

by

British Museum Publications Limited

© 1976, The British Library Board

ISBN 0 7141 0365 9

Published by British Museum Publications Ltd
6 Bedford Square, London WC1B 3RA

On 1st July 1973 the library collections
formerly belonging to the Trustees of the British Museum
were transferred to the ownership of the
British Library Board

Designed by Roger Davies
Set in Times Roman
Printed in Great Britain by
The Camelot Press Ltd, Southampton

CONTENTS

LIST OF ILLUSTRATIONS

FOREWORD

This book was originally planned to form part of the series of British Museum Bicentenary Publications. The constitution of the Library Departments of the Museum as the Reference Division of the British Library in 1973 means that this study of the library of John Morris by Professor T. A. Birrell of the University of Nijmegen appears under the aegis of the British Library.

It was intended that this series should have as its principal theme the history of the various collections of which the Museum Library was composed, and two important contributions have appeared, both the work of scholars from outside the Museum. In 1956 *The Lumley Library. The catalogue of 1609* was edited by Sears Jayne and Francis R. Johnson, and this was followed by Andrew Watson's *The Library of Sir Simonds D'Ewes* in 1966. Once again we are indebted to a scholar not on the Library staff.

For many years the initials I. M. at the foot of the spine of a considerable number of books bound by Samuel Mearne in the standard Charles II red turkey leather bindings of the Old Royal Library have puzzled both staff and readers alike. It was clear that the initials (added as a pressmark when the books reached the Museum with the rest of the Old Royal Library in 1757) stood for John Morris, since he signed his name in almost every book in a version—such as Giovanni Maurizio—adapted to the language of the book. But beyond his name nothing seemed to be known about him. He does not appear in any book on English book collectors, while in Arundell Esdaile's standard history, *The British Museum Library*, he is completely omitted from the index, and where he does make a fleeting appearance in the text (on page 179) his name is spelt incorrectly. It is therefore with particular satisfaction that we now discover that John Morris, in addition to being a book collector of note, had a public career which certainly should have earned him inclusion in the *Dictionary of National Biography*. We are very grateful to Professor Birrell for discovering who John Morris was, for showing him to be one of the most interesting of the Library's benefactors, and for the great care and skill with which he has edited this catalogue of his library.

HOWARD M. NIXON
Deputy Keeper

PREFACE AND ACKNOWLEDGEMENTS

The present work owes its inception to the location, in 1954, of a collection of letters by John Morris in the University Library at Utrecht. An edition of these letters was begun in 1959 as a doctorate thesis at Nijmegen University by Dr J. A. F. Bekkers and was eventually published in 1970. Meanwhile, in 1956, the British Museum had published the catalogue of *The Lumley Library*, edited by Sears Jayne and F. R. Johnson. In his introduction, Professor Jayne not only provided a most detailed account of the growth and structure of the Old Royal Library, before and after its inclusion in the British Museum, but also suggested the feasibility of reconstructing a catalogue of Morris books, which formed a considerable part of it. In subsequent correspondence Professor Jayne most generously placed at my disposal, through the intermediacy of the Regents of the University of California, all the microfilm material that he had collected for his own work. This kind gesture has immeasurably facilitated my task.

During my work at the British Museum, Mr H. M. Nixon, Deputy Keeper in the Department of Printed Books, not only made accessible to me the manuscript catalogue of the Old Royal Library, but has been a constant source of help and encouragement. Without his stimulus and guidance it is unlikely that this work would have been completed.

In tracing Morris's books outside the British Museum, I am grateful for the prompt response from many libraries, and especially from the University Library, Cambridge; Bodley's Library; Emmanuel College, Cambridge; St John's College, Cambridge; Corpus Christi College, Oxford; Exeter College, Oxford; Worcester College, Oxford; the American Antiquarian Society, Worcester, Massachusetts; Brandeis University Library; the Huntington Library; the New York Public Library; the Pierpont Morgan Library; and Yale University Library. I am especially grateful to the Reverend C. R. J. Bradley and Mrs M. McCarthy for all the warm hospitality afforded to me at Archbishop Marsh's Library, Dublin.

Two long-suffering friends, Dr D. M. Rogers of Bodley's Library and Mr A. F. Allison, have provided much information and advice over many years. Mrs U. Janssens-Knorsch, of the English Department at Nijmegen University, has not only prepared the typescript with great care, but has also done invaluable research on Morris's books in the United States.

The making of this catalogue has involved calling for over four thousand books, often at the rate of more than forty volumes a day, from the British Museum. I am most grateful to the Superintendents of the Reading Room and of the North Library, and to Mr A. A. White, for their willingness to solve all the problems that this involved. A considerable extra burden was placed on the members of the staff in the Sections, and at the Issue Desk of the North Library, and my sincerest thanks are due to all of them for their constant courtesy, good humour and high degree of accuracy.

Finally, I am very appreciative of the willingness of the British Museum Publications Ltd to undertake the publication of this volume so soon after their reorganization; and of the great care with which they have prepared this text for the press.

Nijmegen   T. A. BIRRELL
February 1974

INTRODUCTION

JOHN MORRIS

After the Restoration of Charles II the first major accession to the Old Royal Library at St James's was the library of John Morris, acquired from his widow at Isleworth by Thomas Ross, the Royal Librarian.[1]

John Morris was a wealthy dilettante. His father, Peter Morris (or Morus, or de Moor), was a Dutch water-engineer who had come to England in the service of Sir Christopher Hatton and who had established the family fortunes by obtaining a monopoly for a waterworks at London Bridge, to supply piped water to the City of London.[2] John Morris was born about 1580; his father died about ten years later and his mother Anne (*née* Boteler) married again in 1590. Her second husband was George Digby of Barnes. John Morris's first wife was his stepfather's daughter, Mary Digby, by whom he had one son and two daughters. On the death of his first wife in 1627 he married again; by his second wife, Lettice Fitzgerald, he had two sons and three daughters.

In 1640 John Morris was ranked among the second wealthiest group of inhabitants of London. He had two houses, one at London Bridge, by the waterworks, and one at Isleworth, Middlesex, with an extensive herb-garden, where in his later years he principally resided. The Civil Wars, and the development of the New River Company,[3] may have depleted his fortunes somewhat, but even so, at his death in 1658 he was still a man of wealth and leisure. The watermills were destroyed in the Great Fire of 1666 and there was considerable litigation over their rebuilding;[4] in the early eighteenth century John Morris's grandson sold the family interest for £38,000.[5]

Little is known of John Morris's education. It is very probable that he was the John Morris admitted to Gray's Inn in 1600. In 1608 he was at Leiden,[6] but there is no record of his admission to the University. In 1610–11 he made the Grand Tour, possibly in company with another wealthy young man, Nicholas Hare.[7] Morris visited Paris,[8] Madrid,[9] Genoa,[10] Padua,[11] Venice[12] and Rome.[13] At Rome, through the good offices of Nicholas Fitzherbert, he obtained an introduction to the Vatican Librarian and was shown a number of manuscripts relating to English affairs.[14] In 1617 he visited Lisbon.[15]

There are two main sources for our knowledge of John Morris: his library itself and the collection of his letters, now in the University Library at Utrecht, to the Dutch scholar Johannes de Laet.[16] De Laet himself, protestant theologian, botanist, linguist, geographer and director of the Dutch West India Company, was typical of the scholarly virtuosity which Morris strove to emulate. Through his interest in botany, Morris was friendly with Parkinson[17] (for whose *Theatrum Botanicum* he wrote congratulatory verses), and with the Tradescants and Thomas Johnson; and his library contains a presentation copy of *Montebaldo descritto*, Venice 1617, from the Italian botanist Giovanni Pona. Through his interest in language and English antiquities, Morris was on the periphery of the circle of the Spelmans, father and son, Selden, Dewes and Somner; and he was proud to visit Ussher during the latter's last years of exile. Through Selden, Morris had access to Sir Thomas Cotton and the Cottonian Library, and through Patrick Young and John Rous he had access to the Old Royal Library and the Bodleian. Though he never published anything (except for the execrable verses to Parkinson), Morris did complete a dull and laborious biography of Sir John Hawkwood, the fourteenth-century *condottiere*. For this work he drew upon many helpers, including the heralds, Sir William le Neve and Sir John Borough, and the English ambassador at The Hague, Sir William Boswell. Another of his friends was Sir Ralph Freeman, Master of the Requests, who dedicated the 1655 edition of his tragedy *Imperiale* 'to my ancient and learned friend Iohn Morris Esq.'.[18]

In religion and politics Morris was a moderate puritan. He approved the institution of monarchy though he had no high opinion of Charles I; he had scant sympathy for Laud, though he deplored his execution. During the Civil Wars he supported the Presbyterians against the Independents, and from the outset he had little hopes of the Westminster Assembly. Most of his friends were Royalists. He believed in a settled order of society; he was melancholic, hypochondriac and timid for himself and others.[19] His scholarly interests were primarily a means of establishing a social position. His correspondence reveals him as a 'busy' man, in the seventeenth-century sense, rather officious, and only too eager to vaunt his friendships and contacts.

But for all the dilettantism and sterility of his scholarship, Morris was a first-rate bookman. Although his library now contains few incunables, he had a lively interest in typography and in the dissemination of printing. Even more important was his thorough knowledge of the London book-trade. On one occasion he visited forty London booksellers in search of a particular pamphlet.[20] He bought from Thomas Bourne, who specialized in theological books, and made considerable use of the services of Robert Martin, the principal channel for the import of Italian books. He knew Richard Whitaker well, and through him obtained access to the Stationers' Register.[21]

He was a warm supporter of the efforts of Lawrence Sadler and Cornelius Bee in their concern for the printing of books of antiquarian interest, and he seems to have played some part in taking away from Miles Flesher the printing of Matthew Paris and transferring it to them.[22] Morris annotated his books frequently and carefully, using the flyleaves for bibliographical notes, and he had a feeling for the significance of provenance, as for instance is shown by the piety of the following inscription in Moses Maimonides, *Ductor Dubitantium*, Paris 1520: 'Olim Jos. Scaligeri, postea Claudii Salmasii a cuius morte in auctione librorum mihi seposuit amicus inter paucos D. J. de Laet junior.'[23]

Morris's library, so far as it is now known, consists of fewer than 1,500 titles. There is good reason to believe that it was considerably larger. In the first place, the family may have retained part of it for sentimental reasons, or for the use of the children. It is hard to believe, for instance, that Morris never owned a Bible till he was forty (and then only a Vulgate);[24] and certain obvious classical school texts are missing, including Ovid and Xenophon. Furthermore, the appearance of some of Morris's books in other collections, apart from those sold off as British Museum duplicates, suggests that a number of them were disposed of from the Royal Library at St James's between 1661 and 1757.[25]

Nevertheless, from the titles that we have, it is possible to gain some idea of his interests as a collector.

As might be expected, apart from certain exceptions mentioned above, Morris has the major classical authors, and an extensive collection of neo-Latin literature, especially from the Low Countries. Like most intelligent Englishmen of his time, Morris's interest in English literature as such was rather haphazard. He had Drayton's *Polyolbion*, Bacon's *Essays*, Sir Thomas Browne's *Vulgar Errors*, Chapman's *Homer*, Kynaston's *Troilus and Cressida* (the English version of Chaucer is included with the Latin translation), Spenser's *Shephearde's Calender*, Skelton, Felltham and Wither, and of Donne only *Ignatius's Conclave*. In the field of French literature he has J. P. Camus (a remarkable amount), Alain Chartier, Clement Marot, Garnier and, by way of contrast, Rabelais. He has Nostredame's *Vies des Poètes Provençaux*, Lyon 1575, which, though highly inaccurate, was the major work on Provençal poetry at the time. Spanish literature is represented by Boscan, Cervantes (especially rich), de Salas Barbadillo, Juan de Tassis, Lope de Vega, Quevedo and the romance of The Cid and *Lazarillo de Tormes*. Of Portuguese poetry Morris has not only Camoens, but also the important anthology, *Cancioneiro Geral* (Lisbon 1516) of Garcia de Resende. For German he has only *Tyll Eulenspiegel* and Murner's *Der Schelmen zunfft*, probably acquired as elementary German textbooks;[26] and from the extensive notes to B. A. Slonik's *Precetti per le Donne hebree*, Padua 1625,[27] it is clear that he tried hard to teach himself Hebrew. But it is in the field of Italian vernacular literature that his library is most impressive: Ariosto, Bembo, Berni, Boiardo, della Casa, Castiglione, Dante, Graziani, Malvezzi, Marini, Mauro, Petrarch. For a puritan scholar of the mid-seventeenth century, Italian is still the dominant language for 'modern' creative literature. The literary tastes of John Morris are not dissimilar to those of John Milton.

There is an extensive coverage, from most European countries and in most languages, in the fields of genealogy, heraldry, topography, travel, botany, history and religion. Morris's library is especially rich in works on the French Wars of the Ligue[28] and in Jesuitica; some of the items in these two fields are of considerable rarity. There are the standard grammars and dictionaries (including Florio, Minsheu and Mahler), library catalogues and works of bibliographical reference. The general impression of the library as a whole is that it was carefully planned and selected, not only to cater for certain specialized interests, but also to be in a certain degree a self-contained unit, a scholar's working tool. In his will Morris refers to his library as 'the chief pleasure and employment of my life'. It reflects Morris's personality, not only as an individual, but as the type of gentleman scholar, a citizen, albeit a minor one, in the Republic of Letters in the seventeenth century.

DONORS AND OWNERS OF MORRIS'S BOOKS

A full and separate index of provenance is provided after the Catalogue, but some of the more interesting items are listed here for the light they throw on Morris as a collector.

Among the donors the following names may be mentioned:

Edward Conway, 2nd Viscount Conway and Killultagh (1594–1655) gave 433 to Morris in 1650. At the time Conway was living on his estate at Petworth after a not very successful military career on the Royalist side in the Civil Wars. As well as being a professional soldier, and the son of a professional soldier, Conway was also a bookman. His character is well summarized by Clarendon:

He was a voluptuous man in eating and drinking, and of great license in other excesses, and yet was very acceptable to the strictest and gravest men of all conditions. And, which was stranger than all this, he had always from his pleasure, to which his nature excessively inclined him, and from his profession, in which he was diligent enough, reserved so much time for his books and study that he was well versed in all parts of learning, at least appeared like such a one in all occasions and in the best companies.[29]

Conway has been described as 'one of the foremost bookcollectors of his age'. His library of over 4,700 volumes had been sequestrated by the Long Parliament, but he had bought it back in 1647.[30] Morris had been borrowing books from Conway for his study of Hawkwood since before the Civil Wars.[31]

Johannes de Laet (1581–1649) gave Morris 790/1352 and 939. His son, Johannes junior, kept up the connection with Morris and in 1653 gave him 971[32] and, in 1655, 57 Apuleius, *De Virtutibus herbarum*, Bas. 1528, an interleaved copy collated in manuscript with the Old English terms of the *Herbarium Apuleii* in the Cottonian Library (Cotton Vitellius C. III). Morris had previously procured the loan of the Cottonian MS for the use of de Laet senior.[33]

Brian Duppa (1588–1662), Bishop of Winchester, gave several books to Morris: 627, 762/763/1111, 969, 1013. He was a friend of de Laet as well.[34] Duppa's wide scholarly interests are well illustrated by his correspondence with Sir Justinian Isham. Theologically he was a 'Laudian'.[35]

Nicholas Fitzherbert (1552–1612) gave Morris 561 when he visited his house in Rome in 1611. Fitzherbert was formerly secretary to Cardinal Allen, but in later years was well known for his hostility towards the Jesuits, a fact which fits in well with Morris's interest, also surely hostile, in Jesuitica.

Nicholas Hare (1582–1622) gave Morris a Vulgate, 179, shortly before his death; from the inscription it is clear that Morris acquired other books from Hare's library. Hare was a wealthy dilettante with a taste for travel and languages (including Dutch), and a very minor poet. In 1611 he was in Venice,[36] bound for Constantinople; Morris was in Venice in the same year, and it is possible that he may have been with Hare at the time.[37]

Henry Hide gave Morris 1313 (Thomas Stapleton's *Tres Thomae,* Col. Agr. 1612) in 1623; this may possibly be Sir Henry Hyde, the English ambassador to Turkey, executed in 1651.

Thomas Johnson (d. 1644) gave Morris 767, the second part of his *Mercurius Botanicus,* London 1641, and on p. 36 Morris has noted the *viola martia palustris* in his own garden at Isleworth. After Johnson's death at the siege of Basing House, Morris lamented that he had previously lent Johnson two books which he did not recover.[38]

Ampliss. Doctiss. q̄ Viro D. Joh. de Laet Joh. Maurittus

S.P.D. Ecce D. Clariss. mitto tibi, una cum hisce meis, idq̄ ex
mandato olim tuo, meoq̄ promisso, librum Ital. Trattato
de Semplici, pietre, & pesci marini, che nascono nel lito di
Venetia, La maggior parte non conosciuti da Teofrasto, Dioscoride, Plinio Galeno & altri Scrittori, quém in meo Museo
vidisti & approbasti: Bibliopola nostras Martinius ex Italia
exemplaria aliquot huc aduexit; Mitto etiam Catalogum
omnium librorum, quos itidem ex Italia attulit nuperrimé,
typisq̄ mandauit, cum titulo, ut vides est, specioso, tanquam hederá vino suo ostendendo; inter quos quaedam exemplaria sunt Observationum Voslingij in Prosperum Alpinum
de plantis Aegyptijs quorum unum tibi selegi unaq̄ misi. est
etiä alius lingua vulgari scriptus de rebus Scoticis qui licet
Edinburgi excusus (ubi iam tertium profectus est March.
Hamiltonius) publicè tamen hic venalis est, utpote contra Scotos faederatos scriptus. ex quibus omnibus facilè ut spero,
conijceris, quod volupe mihi futurum sit tibi in alijs quibuscunq̄
rebus inseruire. nondum conueni Tradescantium, at Parkinsonus
spem mihi facit plantas istas exoticas quas desideras plerásq̄
saltem in elegantioribus nostratium hortis inueniri iri, quas
una ad anemonibus, iridibusq̄, aliquot bulbosis me tibi
transmissurum haud despero: Tempus tantum extrahendi
opportunum expectandum est. Ego interim auream tibi
uello de Auriaco Meursij, parte secundá Conestaggij de
Bello Belgico (si modo apud vos exierit, sic enim spem mihi
olim fecisti, cum ego tibi primám partem, decem libros
complectentem, in Bibliotheca mea ostendissem) de quibus
coram tecum egi, & tractatu breui forma quarta Castra-
metatoris Hexham nostratis (Quartermr Hexham) de Breda
obsessa & capta, emissus est lingua nostra vulgari Delfis
Hollandiae. Haec eo liberius, pudore omni postposito, à te peto,
V. Clariss. ut idem semper iuris in me meaq̄ omnia sumas;
semel dixi, tuus sum, porroq̄ futurus sum, eo modo experire
ut fidem meam liberem. Deus te vir amiciss. sospitem
Florentemq̄ patriq̄, liberis, nobisq̄ amicis diu seruet, in
quo voto finio

Ex suburbano meo ad ripam Tamesis XXIIII Octobris
MDDXXXVIII. Salutat te uxor sororq̄ quam nosti.

PLATE I Holograph letter of John Morris to Johannes de Laet, Utrecht University
Library. See Introduction, p. xiii

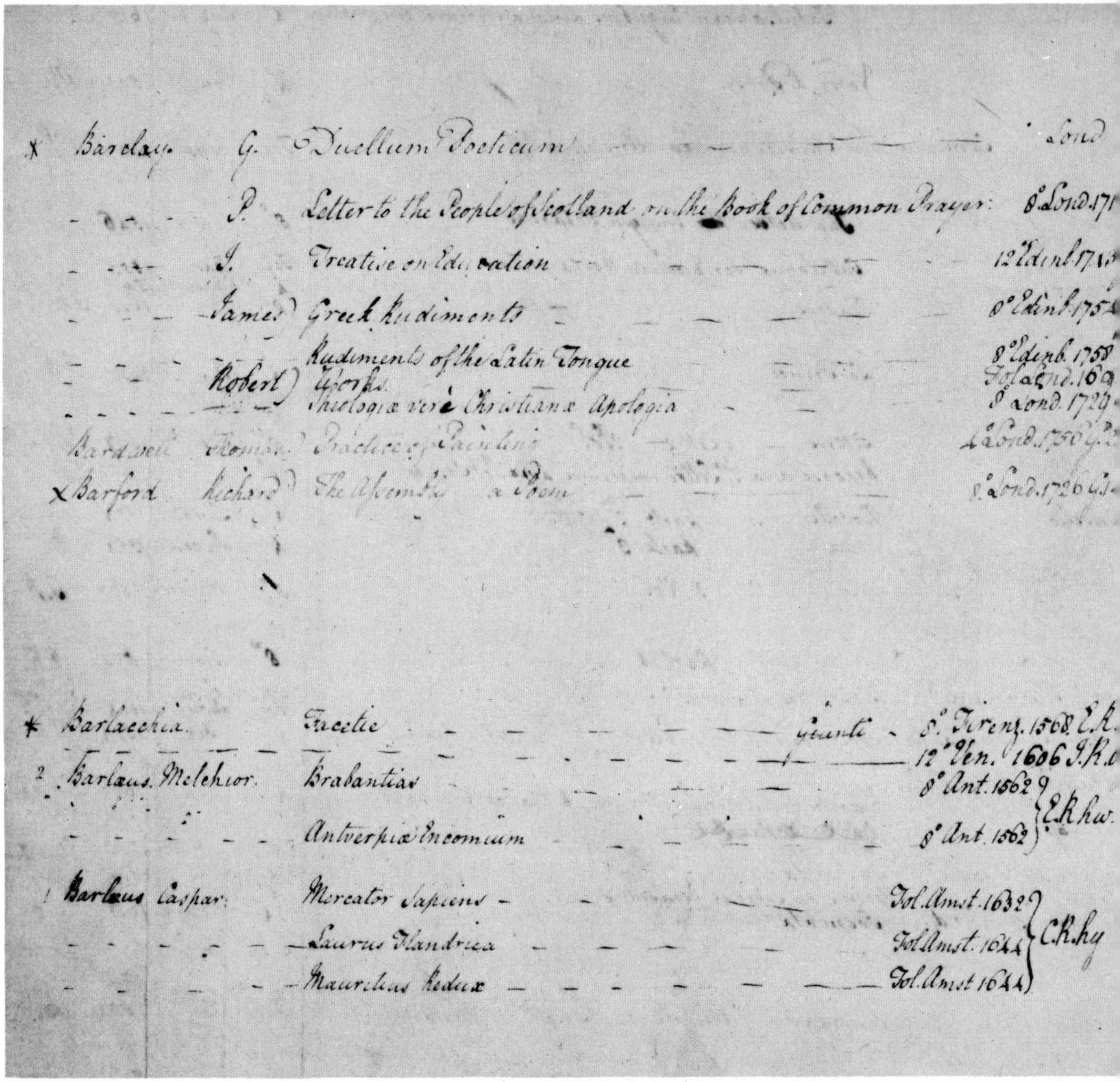

x Barclay G. Duellum Poeticum — — — — — — — — — — — Lond

— — — P. Letter to the People of Scotland on the Book of Common Prayer: 8° Lond.171

— — — J. Treatise on Education — — — — — — — — — — 12° Edinb.17

— — — James) Greek Rudiments — — — — — — — — — — — 8° Edin.175

— — — Robert) Rudiments of the Latin Tongue — — — — 8° Edinb. 1758
— — — — — — — Works — — — — — — — — — — — — Fol. Lond. 16
— — — — — Theologiæ verè Christianæ Apologia — — — 8° Lond. 1729

Bardwell Thomas) Practice of Painting — — — — — — — 4° Lond. 1750

x Barford Richard) The Assembly, a Poem — — — — — — 8° Lond. 1726 4s.

* Barlacchia Facetie — — — — — — — — — Giunti — 8° Firenz. 1568 C.K
2 Barlaeus Melchior. Brabantias — — — — — — — — — — 12° Ven. 1606 J.K.
— — — — — Antverpiæ Encomium — — — — — — — — — 8° Ant. 1562 } C.K. h.w.
                                                         8° Ant. 1562

1 Barlaeus Caspar. Mercator Sapiens — — — — — — — — Fol. Amst. 1632
— — — — — Laurus Flandrica — — — — — — — — — Fol. Amst. 1644 } C.K.hy
— — — — — Mauritius Redux — — — — — — — — — Fol. Amst. 1644

PLATES II, III   Old Royal Library Catalogue, a typical opening. See Introduction, p. xix

				Gall.	part. 2			8°	Par. 1625	C.R.

— — Elegia. vide Thorius Gall.
— Alexander . vide Salustius

...di (Girol.)	Chronologia Universale	3 Vol	Giunti	Fol.	Ven.	1581	E.K.
		Parte 4ta	Giunti	4°	Ven.	1581	E.K.
	Vittoria Navale de' Venetiani contro Ottone			4°	Ven.	1584	E.K.d.
	Dichiaratione di tutte le Istorie			8°	Ven.	1587	J.K.94
...relate. Gabriel	Sermones tam Quadragesimales quam de Sanctis			8°	Par.	1587	J.K.
...aret. Joh.	Alveare			Fol.	Lond.	1573	L.
...chard.	Epistle to Philip Earl of Chesterfield			8°	Lond	1730	G.t.l.
...rgaus vide Angelius							
...rgagli (Scip.)	Trattenimenti			4°	Ven.	1587	E.K.im
				4°	Ven.	1592	E.K.ne

~~...~~	~~Sermon on 4 Sun: of St. ...~~			4°	~~Lond 1627~~	
...illere. D.S.)	Le Censeur François			12°	Par.	1624	J.n...
...hsdale Al.	Judicious Worker. Illustrations of Holy Scripture			8°	Lond.	1675	G.t.2y
...aamus Monach.	De Primatu Papæ	Gr. Lat.		8°	Han.	1608	E.K.ou
	Logistica	Gr. Lat.	cum Not. Chamberi	4°	Par.	1594	E...
...aus Caspar	Poemata		Elz.	12°	Lug.B.	1631	E.K.
	Britannia Triumphans			Fol.	Lug.B.	1626	C.K.
...landus (Adrian.)	Historia			4°	Ant.	1520	L.
...letius (Marinus)	De Obsidione Scodrensi			4°	Ven.	1504	A7.f.
...lisicus (Galde...)	~~...~~				~~1527~~	
...ow (Will. Bish.)	Sum of the Conference of the King & Bishops			4°	Lond.	1604	J.K.ul.

~~...~~ ~~...~~

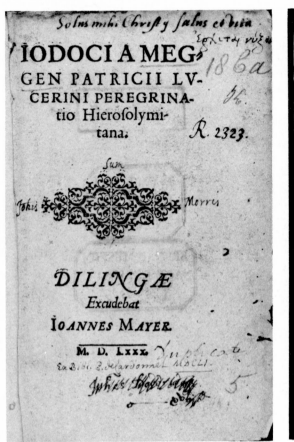

PLATE IV   Morris Catalogue no. 924, t.p. recto and verso and
flyleaf, showing successive migrations. See Introduction, **p. xix**

Spectatissime ꝑbitatis et

oratorio splendore refertissimi autoris Philippi Beroaldi phalera
te orationes misticis quibusdam historijs ad amussim intersite.
Item facundissimi:tum angeli politiani hermolai barbari. Tum
Iasonis maini codicelli: Atꝗ vna ludicrorũ et amatoriorũ car=
minũ libellus:que omnia(seorsum tamē impressa)prefatis ꝗ ac=
cōmodatissime adijciuntur.

Quisquis es extersum cupiens spectare volumen,
Martini modico confer et ære domus,

PLATE V   Morris Catalogue no. 107, t.p. of a tract volume formerly in the Library of
Corpus Christi College, Oxford. See Introduction, **p. xviii**

JOANNIS MILTONI

ex dono Angli *authoris.*

PRO POPULO ANGLICANO
DEFENSIO

Contra Claudii Anonymi, *aliàs* Salmasii,
Defensionem REGIAM.

LONDINI,
Typis *Du-Gardianis.* Anno Domini 1651.

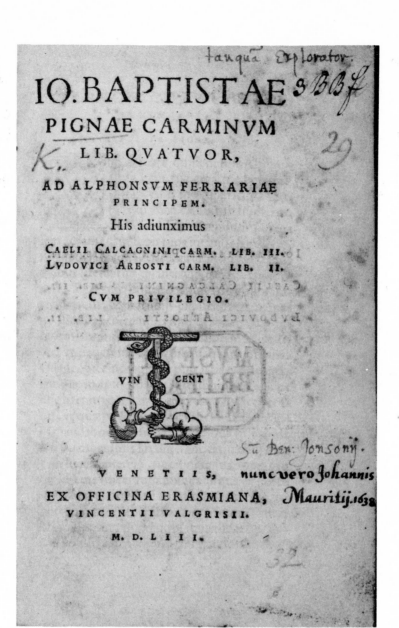

John Milton (1608–74) gave Morris 944, the third issue of the first edition of *Pro Populo Anglicano Defensio*, London 1651, Milton's famous attack on Salmasius's *Defensio Regia pro Carolo I*, 1649. Milton's biographers offer no explanation of this, nor indeed do they seem to know who Morris was.[39] The association between Milton and Morris is especially intriguing because in August 1649 Morris was writing to de Laet to enquire about the appearance of Salmasius's book and, by implication, suggesting that de Laet himself had had a hand in it. In his correspondence throughout that year Morris was supplying de Laet with books and information on English parliamentary institutions.[40]

Giovanni Pona, the Italian botanist, gave Morris 891/1119, a copy of his book *Monte-Baldo descritto*, Ven. 1617, and the Italian translation by his brother Francesco Pona of Nicolo Marogna's commentary on Dioscorides published in the same year. Morris has inscribed the book 'ex auctoris munere' (instead of the usual 'e dono auctoris'); a probable indication that he had written to Pona asking for a copy.

Robert Randolph gave Morris 892, Clement Marot, *Œuvres*, Lyon 1545, the French protestant classic. The inscriptions make it clear that Robert Randolph was not the brother of Thomas Randolph the poet, but the grandson of Sir Thomas Randolph (1523–90), ambassador to Scotland and Russia under Elizabeth I. Morris's second wife was Sir Thomas Randolph's granddaughter.[41]

Finally, among the donations may be mentioned: 747 William Bathe's *Janua Linguarum*, London 1621, which was given by Morris to his son George who has annotated it extensively and inscribed it:

> This book my father did me give
> And I will keep it as long as I live.
> Whose book it is if you would know
> In writing plain I will you show
> George Morris his book Anno Dom. 1645

George Morris did not live long; he must have died in childhood, for the Morris pedigree does not even mention him, and this little schoolbook is the only memorial of his existence.

As far as questions of ownership are concerned, the owners of Morris's books now outside the British Museum, and not listed in ORC, may be dealt with first. It is noticeable that they are chiefly prominent men who flourished in the later seventeenth century: Bishop John Moore (X1, X2), Archbishop William Sancroft (X4), Bishop Edward Stillingfleet (X9–X20), Bishop Thomas Barlow (X22), Elias Ashmole (X23, X24), Dr Edward Pococke (X26) and Increase Mather (X29–X31). In Stillingfleet's Library,[42] for instance, we also find other books of ORL provenance. One cannot resist the conclusion that there was some weeding out of books from the ORL, either under the librarianship of Henry Justel (1686–93) or in the early years of his successor, Richard Bentley.

A consideration of some of the other marks of ownership in Morris's library may serve in the first place to throw some light on the dispersal of private libraries of some size in the first half of the seventeenth century. Morris has books owned by Robert Glover (240) and Augustine Vincent (380, 381, 543, 1053), both heralds, William Charke (1325), Henry

Jacob (710, 734) and William Crashawe (1447). These inscriptions are all familiar to students of provenance, and may be found elsewhere in the British Museum and in other libraries. Vincent's heraldic manuscripts went to his son John and thence apparently to Ralph Sheldon, but his printed books must have been dispersed shortly after his death. A large part of William Crashawe's library went to St John's College, Cambridge,[43] but there must have been an extensive residue as his name is frequently met with in books elsewhere.

Among other notable names are John Ponet (670); John Dee (622A), whose library at Mortlake was just down the river from Isleworth; Henry Peacham (75); Charles Blount, Earl of Devonshire, 8th Baron Mountjoy (1027, 1418), several of whose books were acquired by Selden;[44] Sir Thomas Smith (1064);[45] Arthur Hall, translator of Salel's French version of the *Iliad* (731);[46] Sir Robert Bruce Cotton (1328); and two booksellers, Thomas Bourne (331) and Robert Martin (738).

Other interesting association items are: 1346, given by Sir Henry Savile to Andrew Dudith at Breslau in 1581 and on Dudith's death in 1589 taken back to England by Sir Henry's brother, Thomas Savile;[47] 1435 on which Lord William Howard of Naworth has written 'Wintower paye for this book four shillings Howard', presumably referring to his son-in-law Sir John Wintour; 492/611 sent by the German scholar Frederick Dorville (B.D. Exeter College, Oxford, 1615) from Prague in 1619 to Dr Sebastian Benefield, Lady Margaret Professor of Divinity, Corpus Christi College, Oxford;[48] and 1348, owned by Thomas Willis, for fifty years the schoolmaster at Isleworth.[49]

An intriguing item is X28, Guillaume Postel's *Linguarum duodecim characteribus . . . introductio*, Paris 1538, recently acquired by Brandeis University. This pioneer work of comparative linguistics was formerly owned by the French humanist Philippe Desportes (1546–1606), who has inscribed his name in *lettres de civilité*. The story goes that on Desportes's death his bastard son sold his father's library to a pastry-cook (presumably to make pie-bottoms). Desportes's library, though reported intact in 1627, certainly suffered dispersion at some time before the mid-seventeenth century, and volumes are to be found in the Sorbonne and the Bibliothèque Nationale; many went to the Jesuit College at Claremont and they in turn have been dispersed.[50] The question still remains: how did Morris obtain his copy of Postel, so obviously not a random acquisition? Presumably on his visit to Paris in 1610.

Morris himself seems to have been a 'borrower' in one instance: a collection of post-incunables from Corpus Christi College, Oxford, 107, 157–68, 919, 1113. From the inscription it looks as if they were acquired by the College in the early sixteenth century, but they have not been traced in any College catalogues of the period.[51] They were originally bound together as a single tract volume but were broken up in the nineteenth century.

Morris's holdings of French tracts chiefly relating to the Wars of the Ligue owe much to his acquisition of collections made by Robert Beale (1541–1601), Clerk to the Council and deputy Secretary of State. It would seem that these tracts were collected for Beale by Sir Henry Cobham (1538–1605), the English resident at Paris from 1578 to 1583.[52]

A fact of some interest is the acquisition by Morris of a group of books belonging to Ben

Jonson. On 69/280/1089, under 'tanquam explorator sum Ben Jonsonii', Morris has written 'nunc vero Johannis Mauritii 1638', which indicates that Jonson's library was being dispersed within a year of his death. Morris also acquired 170, a gift to Jonson from Rowland Woodward (d. 1636), the friend of Sir Henry Wotton and John Donne,[53] and 787/1062 and 1126. Morris's most remarkable item from Ben Jonson's library was a miscellaneous tract volume containing poems of Chapman and Drayton, Spenser's *Shephearde's Calender*, 1597 (together with an autograph of the Latin version by Theodore Bathurst), Tusser's *Of Husbandry*, 1580, and Virgil's *Bucolica*, translated by A. Fleming, 1589. This single composite volume constituted a large proportion of Morris's holdings in English literature. The tract volume has now been split up into its components: 364–368, 1279, 1384, 1427.[54]

Some mention may also be made of owners who brought books back to the Old Royal Library after their dispersal. In this category Morris himself may be included, for he picked up an Arundel/Lumley book, 1319A, which has therefore been kept with the original collection.[55] After the British Museum Duplicate Sales of 1769–1832 several Morris books disposed of as duplicates returned in other collections. The Cracherode library (acquired in 1799) brought back 70, 258 and 613,[56] and the Grenville library (acquired in 1847) brought back 52 and 1450.[57] The signature of Matthew Maty (1718–76), Keeper of Printed Books and later Principal Librarian,[58] is in 1273, but how he acquired it, or how it was returned, is not clear.

A most striking instance of the migration of books is 924 Jodocus à Meggen, *Peregrinatio Hierosolymitana*, Diling. 1580. It was originally owned by Sir John Doddridge (1555–1628), the lawyer and antiquary. By his will his library passed to his nephew John Doddridge.[59] The book was then acquired by Morris and in 1651 given or lent to the Huguenot refugee Philip de Cardonnel. On 6 June 1681 it appeared in de Cardonnel's auction sale, was ultimately acquired by Sloane and thus arrived in the British Museum with the Sloane collection. It was then disposed of in the Duplicate Sale of 1788 for 6*d.* and acquired by Alexander Dalrymple FRS (1737–1809), hydrographer to the Admiralty, who specialized in the collection of travel books. At his auction sale in 1809 it was bought for 2*s.* 6*d.* by Sir Joseph Banks PRS (1743–1820) and thus returned to the British Museum with the Banks bequest.[60]

THE RECONSTRUCTION OF MORRIS'S LIBRARY

The source for the reconstruction of Morris's library is the author catalogue of the Old Royal Library (ORC). This is a folio manuscript, in the charge of the Binding Officer of the Department of Printed Books at the British Museum, and has no BM pressmark. It was begun soon after the Old Royal books came to Montagu House, and, though containing entries up to about 1770, dates in the main from 1761.[61] There are numerous deletions; though in a few cases these may indicate errors on the part of the cataloguer, in most cases they indicate books that have been disposed of as duplicates. (This can be established by checking with BM 820.i.28, a copy of the 1769 Duplicate Sale catalogue which marks the original collection to which each item belonged: Royal, Sloane, Edwards or Birch.)[62] Some other items in ORC are marked with a 'D'; this indicates that they have been set aside as duplicates, though in many cases they were not sold, but remain in the British Museum.[63] Where titles are linked by a brace in ORC this indicates that they comprised a tract volume at the time of cataloguing.

Morris usually wrote his name on the title-page in the form 'John Morris', 'sum Johannis Morris', 'Iohannes Mauritius', 'Jean Maurice', 'Giovanni Maurizio', according to the language of the book, but he is not always consistent. Occasionally his signature occurs on the front flyleaf.[64] He frequently annotates his books, usually on the front flyleaf: such annotations usually take the form of extracts from standard bibliographical reference works relating to the book or author in question.[65]

The entries in ORC are on the whole accurate, and in the Catalogue that follows are given as they stand. There are occasional spelling variants and variants in the description of the smaller formats, e.g. 12° for 16°, but significant errors are very rare indeed. Of course, the rules for cataloguing anonymous books in the eighteenth century were different from the current BM cataloguing rules. Difficult entries have been identified by consultation of the BM printed catalogues of 1787 and 1813–19, which follow the same cataloguing rules as ORC but give the titles more fully. In cases where the ORC entry may give difficulty in identification, the entry-heading in the current BM General Catalogue has been given in the form:

1176 *Remonstrances au Roy Henry 3 sur les Desordres du Royaume*, 8° n.p. 1588
    K=Henry III, King of France, Appendix, Miscellaneous
    1059.a.14(1)

but:

1177 *Remonstrances au Roy Henry 3 sur les Desordres du Royaume*, 8° Aug. 1576
    K=France, Henry III King (1574–89)
    1193.c.4(1)

There are a few books which have unaccountably been omitted from the current BM General Catalogue (as of 1968), but these were identified from the pressmarks in the laid-down copy of the 1813–19 catalogue in the BM. There is one book, of no great rarity, 36 Amyraut, *Discours de la Souveraineté des Roys*, n.p. 1650, which must have been lost after 1789, as it disappears altogether from the BM catalogues after that date.

Books in the Old Royal Library are usually stamped with the blue octagonal MVSEVM BRITANNICVM stamp on the verso of the title page and with the same stamp in black on the last page of the text. Morris's rarer books have usually been given 'Charles II' bindings of bright red turkey with 'a one-line rectangular panel on the covers with the royal cipher between palm leaves at the angles',[66] and 'J.M.' or 'I.M.' on the spine. In the later eighteenth century most of the other books were dealt with by James Cooke, bookbinder to the BM between 1760 and 1773. His activities have been trenchantly described by H. M. Nixon: Old Royal Library books needing binding 'were meanly clad in brown calf of a slightly reddish tinge. . . . He also adorned most of these calf bindings with hideous light blue endpapers of an angular wavy pattern';[67] he also added the appropriate initials on the spine. In the course of further rebinding and rebacking in the nineteenth century, and earlier decades of the twentieth, the 'J.M.' initials were frequently omitted from the spine and original flyleaves were removed, but binders in recent years have fortunately paid careful attention to maintaining all valuable signs of provenance.

The task of establishing whether or not a particular volume in the BM actually belonged to Morris is complicated by two factors. Firstly, the series of Duplicate Sales from 1769 to 1832.[68] These sales were undertaken to finance the purchase of extra copies of reference works for the use of the staff,[69] and the definition of a duplicate was considerably more elastic at that period than it is today.[70] Only at the 1769 sale was any note kept of which books came from the Old Royal Library. Furthermore, at the 1788 sale many bundles of tracts were sold off *en bloc* without being separately itemized.[71] Where, therefore, no Morris copy of a particular book has been found in the BM an attempt has been made, in the Catalogue below, to trace it in the Duplicate Sales catalogues, though in most cases there is no absolute certainty that the duplicate listed was in fact Morris's copy.[72] As can be seen from the Concordance of Shelfmarks (below, p. 71), a few of the Morris duplicates have been traced. Considering that out of 1,462 Morris titles in ORC the BM still holds 1,300, the losses by the Duplicate Sales are not as great as may have been feared.

The second source of difficulty is the breaking up of tract volumes and recataloguing with new pressmarks, one of the less happy decisions of Panizzi.[73] Sometimes Morris has put his name only on the first item of a tract volume, so that when it was broken up the other items have no sign of provenance, unless the old pressmark is still visible. The same problem applies also to the question of Old Royal Library provenance in general. In tract volumes the blue octagonal stamp was often only put on the first tract; when broken up, the remaining tracts may either have no stamp at all,[74] or a stamp used for non-ORL books. It would be a fair generalization to say that while a black octagonal BM stamp may sometimes be found on the title-page of an ORL book, the blue octagonal stamp is never found on books outside the ORL. There are several instances of a black octagonal stamp on the title-page of what is definitely a Morris book, and these instances are always of broken-up tracts.[75]

A specific case of difficulty or doubt may be mentioned at this point. There are two books with notes by Morris (but no signature on the title-page) that are rather suspect. 613, Froissart, Lyon 1559, is a Cracherode book acquired by him in 1772—but no such volume appeared in the 1769 Duplicate Sale, though duplicate volumes were disposed of in 1805, lots 422 and 423. Similarly 1051 Paulus V, Coira 1607, is part of a tract volume presented to the BM by Thomas Hollis in 1764 (Morris's notes are at the back of the tract, which is unusual); this case is particularly odd as there were no sales between the compilation of ORC in 1761 and the presentation by Thomas Hollis in 1764, though a duplicate copy of the book was sold in 1788, lot 4368. One cannot resist the strong suspicion, therefore, that in these two cases it was actually Morris's copies that were sold off as duplicates but that his flyleaf notes, being considered intrinsically quite useful, were removed and tipped in to the more prestigious Cracherode and Hollis copies.

A source of possible confusion is the initials 'J.M.' at the top right-hand corner of some title-pages, in a round copper-plate hand analogous to the 'J.M.' entries in ORC.[76] It would seem that at some time (probably in the late eighteenth or early nineteenth century) an attempt has been made to assign Morris provenance, called for by ORC, to a book without Morris's signature on the title-page. Sometimes the ascription to Morris is right, but sometimes it is demonstrably wrong.[77] The 'J.M.' initials on a title-page have therefore been disregarded as evidence for Morris's ownership unless there is other corroboration.

Morris's ownership has therefore been assigned to books of the following categories:

 (i) Books with Morris's signature.

 (ii) Books with Morris's notes (bearing in mind the possible exceptions of 613 and 1051).

(iii) Books in some form of ORL binding with 'J.M.' on the spine.

(iv) Tract volumes where *all* the tracts called for by ORC fit. A good example is BM 700.e.17(1–7),[78] a valuable collection of Smectymnuus tracts with blue octagonal stamp but with no marks of ownership and no original flyleaf; yet each item fits with Morris books called for by ORC.

 (v) Where a book has an ORL binding, and/or a blue octagonal stamp, but no sign of ownership whatever, and where the *only* ORL copy called for in ORC is a Morris book,[79] then the pressmark has been given *in italics*, as a sign that the ascription is a strong probability. (An italic pressmark has also been given where the only BM copy has been destroyed by enemy action, or mislaid before it was examined.)

The term 'no JM copy traced' has been applied to all entries in ORC where no copy in the BM conforms to any of the above five categories, and where no copy has been located in the BM Duplicate Sales catalogues. It is safe to say that in several cases where an entry has 'no JM copy traced', Morris's copy is in fact still in the BM; but it has been thought better to avoid guesswork and to err on the side of stringency.

NOTES

[1] For an account of the history of the Old Royal Library, see Jayne, and also J. P. Gilson, Introduction to *Catalogue of Western Manuscripts in the Old Royal and King's Collections*, London 1921. For fuller biographical details on John Morris and his family, see Bekkers.

[2] R. R. Sharpe, *London and the Kingdom*, London 1894, vol. II, p. 19; F. Clifford, *A History of Private Bill Legislation*, London 1887, vol. II, pp. 52–4; [W. H. and H. C. Overall] *Analytical Index to the . . . Remembrancia*, London 1878, pp. 550–3. Peter Morris obtained a loan from the City authorities and from the Common Serjeant of the City, Bernard Randolph.

[3] See J. W. Gough, *Sir Hugh Myddleton*, Oxford 1964.

[4] R. Sisley, *The London Water Supply*, London 1899, pp. 5–6.

[5] *The Water Supply of London* (Metropolitan Water Board), London 1949, p. 3.

[6] Inscription in 172.

[7] See below, p. xvi.

[8] Inscription in 1281.

[9] Inscription in 1397.

[10] Inscription in 316.

[11] Inscription in 485.

[12] Inscriptions in 303 and 1234. He seems to have been twice in Venice, in 1610 and 1611.

[13] Inscription in 561.

[14] Bekkers, no. 25.

[15] Inscription in 996.

[16] The fullest account of de Laet in English is in Bekkers.

[17] Parkinson records 'Virginia seeds received from Mr Morrice 18 March 1636' (R. T. Gunther, *Early British Botanists*, Oxford 1922, pp. 74, 370).

[18] Freeman is also mentioned in Morris's will. The fullest account of him is in G. E. Bentley, *Jacobean and Caroline Stage*, Oxford 1956, vol. III, pp. 468–70.

[19] He tried hard to dissuade the young Danish scholar Peter Scavenius from going to Oxford in June 1647 (Bekkers, nos. 80–81).

[20] Bekkers, no. 72.

[21] Bekkers, no. 74.

[22] Bekkers, no. 11.

[23] 971.

[24] 179.

[25] e.g. JM's copy of Vasari (cf. Bekkers, no. 25) is not listed in ORC; and see below, p. xvii.

[26] He had Mahler's German–Latin dictionary, 1085.

[27] 705.

[28] J. H. Salmon, *The French Religious Wars in English Political Thought*, Oxford 1959, well illustrates how in the seventeenth century the English saw events in France as directly analogous to their own problems.

[29] *History of the Rebellion*, ed. W. D. Macray, Oxford 1888, vol. II, p. 83. Conway's impounded correspondence in the PRO is well utilized in D. Mathew, *The Social Structure in Caroline England*, Oxford 1948.

[30] I. Roy, 'The Libraries of Edward 2nd Viscount Conway and others: an Inventory and Valuation of 1643', *Bulletin Institute of Historical Research*, vol. XLI, no. 103 (May 1968), pp. 35–47.

[31] Bekkers, nos. 20 and 23.

[32] See above, pp. xiii–xiv.

[33] Bekkers, nos. 9, 17, 24. De Laet senior had also used the Cottonian Library during his visit to England in 1641 (cf. the note in Sir Robert Cotton's lending lists, MS Harley 6018 f. 1, 'Master Delard in Fanchurch Street, son in law to Mr. Peter Vanglore hath the Saxon homilies of Mr. Cresswell').

[34] Bekkers, no. 32.

[35] Ed. Sir Gyles Isham, Northants. Record Soc., vol. 17, Lamport 1955; pp 37, 112, 154. Morris regularly visited Duppa when the latter lived at Richmond in the 1650s. For Duppa's ecclesiastical position see R. S. Bosher, *The Making of the Restoration Settlement*, London 1951. Laud specially mentions Duppa in his will, P. C. C. Laud 13, proved 8 January 1661.

[36] See above, note 12.

[37] A full account of Hare is in John Carey, 'The Poems of Nicholas Hare', *Review of English Studies*, NS, vol. XI, no. 44 (1960), pp. 365–83.

[38] Bekkers, no. 53.

[39] W. R. Parker, *Milton, a biography*, Oxford 1968, vol. II, p. 974, says in reference to C.114.b.37, 'John Maurice (Morice? Morris?) has not been identified'.

[40] Bekkers, nos. 96–100.

[41] Bekkers, no. 29.

[42] Newport B. White, *An Account of Archbishop Marsh's Library*, Dublin 1926, pp. 34, 40.

[43] P. J. Wallis, 'The Library of William Crashawe', *Transactions of the Cambridge Bibliographical Society*, vol. II, pt III (1956), pp. 213–28.

[44] J. Sparrow, 'Early owners of books in John Selden's Library', *Bodleian Quarterly Record*, vol. VI (1929–31), p. 264.

[45] The book is not in Sir Thomas Smith's library list, printed by Strype, *Life of Sir T. Smith*, Oxford 1820, but the distinctive signature is definitely Smith's.

[46] 'By a happy accident Hall's own copy [of Salel] is still preserved at the British Museum . . . the

binding, which was very old and bore the Tudor rose, has now been replaced by a new one' (H. G. Wright, *Arthur Hall*, Manchester 1919, p. 138). The 'very old' binding, complete with Tudor rose, probably dated from the late eighteenth century.

[47] P. Costil, *André Dudith*, Paris 1935, pp. 34, 202.

[48] A. Wood, *Athenae*, London 1721, vol. I, p. 547 and *Fasti*, vol. I, p. 199.

[49] A. Wood, *Athenae*, vol. II, p. 197.

[50] Desportes's library is discussed in J. Lavaud, *Philippe Desportes*, Paris 1936, pp. 408 et seq. Lavaud points out that in any case the legal heir was Desportes's brother, not his bastard son. Tales of books as pie-bottoms are not unknown in the mythology of Shakespearian scholarship.

[51] J. R. Liddell, *The Library of Corpus Christi College, Oxford* (B. Litt. thesis 1933), Bodley MS B.Litt.d.67, pp. 150 et seq. (cf. *Trans. Bibliog. Soc.* 1938, pp. 403 et seq.).

[52] Apart from the lengthy article in *DNB*, a most useful account of Beale will be found in B. Schofield, 'The Yelverton Manuscripts', *British Museum Quarterly*, vol. XIX (1954), pp. 3–9.

[53] L. P. Smith, *Life and Letters of Sir Henry Wotton*, London 1907, vol. II, p. 481.

[54] Another Ben Jonson book not listed by Percy Simpson is BM 596.f.18(6): [P. Matthieu] *L'entrée de tres grand, tres magnanime et victorieux Prince Henry IIII Roy de France et de Navarre en son bonne ville de Lyon le IIII Septembre l'an MDXCV*, Lyon (1595). Morris owned other tracts in this volume, but this particular tract is not listed in ORC as part of his library.

[55] Jayne, p. 22, plate x, and no. 1760.

[56] For reservations about 613 see below, p. xxi.

[57] For Cracherode and Grenville see A. Esdaile, *The British Museum Library*, London 1946, pp. 56, 104.

[58] The fullest account of Maty is in U. Janssens, *Matthieu Maty and the Journal Britannique*, Amsterdam 1975.

[59] P. C. C. Barrington 96.

[60] For Banks see Esdaile, op. cit., pp. 186–7. The only known copy of the de Cardonnel sale catalogue is Bodley Ashmole 1055(1).

[61] Jayne, pp. 295–6. Each entry is marked with initials according to the reigning monarch or previous owner: ER=Elizabeth I; IR=James I; CR=Charles I; C2=Charles II; A/L=Arundel/Lumley; JM=John Morris, etc.

[62] These marks were first decoded by Mr Howard M. Nixon.

[63] Many items in the 1788 sale are marked 'put by', but some of them turn up in later sales.

[64] e.g. 1250.

[65] e.g. 426.

[66] Jayne, plate IX; Howard M. Nixon, *Twelve Books in Fine Bindings from the library of J. W. Hely-Hutchinson*, Oxford 1953 (Roxburghe Club), p. 12; and H. M. Nixon, *English Restoration Bookbindings*, London 1974, p. 12.

[67] Nixon, *Twelve Books*, p. 12.

[68] Listed in [A. W. Pollard]: *List of Catalogues of English Book Sales 1676–1900 now in the British Museum*, London 1916.

[69] F. J. Hill, *Shelving and Classification of Printed Books in the British Museum 1753–1953* (FLA thesis 1953, in typescript), p. 46 (now available on the open shelves of the North Library of the BM).

[70] But occasionally even William Beloe had second thoughts; see 873.

[71] See 256.

[72] In a few cases one can be absolutely certain that a particular sale item did belong to Morris, e.g. 83 and 631.

[73] Hill, op. cit., p. 34.

[74] e.g. 1253, which is a JM book with no BM stamp at all, disbound from one tract volume and bound up again in another. 726/1462, now BM 624.a.32, has no stamp at all because it was formerly BM 624.a.32(2).

[75] e.g. 875, 958, 1077. For a description of the varying types of BM stamp and of the old pressmarks, see Jayne, plates IV and XI, and pp. 289–91.

[76] Sears Jayne has encountered 'L' in a similar position on possible Lumley books (Jayne, item 1785).

[77] e.g. 272; 434; 577; 631; 649; 1248.

[78] Comprising: 1079; 780; 1169; 1294; 1170/1260; 1295; 1171.

[79] i.e. 47; 48; 61; 247; 250; 311; 390; 407; 532; 555; 654; 758; 842; 917; 958; 1009; 1052; 1134; 1368; 1429.

THE CATALOGUE

ABBREVIATIONS

Alrog   A. F. Allison and D. M. Rogers, *A Catalogue of Catholic Books in English printed abroad or secretly in England 1558–1640*. Bognor Regis, 1956.

Bekkers   J. F. Bekkers, *Correspondence of John Morris with Johannes de Laet (1634–1649)*. Assen, 1970.

BM   British Museum. (As this study is concerned with the early history of one of the primary collections, the term 'British Museum' has been used throughout, even in a few contexts where 'British Library (Reference Division)' would have been more strictly correct.)

DNB   *Dictionary of National Biography*, London, 1885–1900.

Jayne   Sears Jayne and Francis R. Johnson, *The Lumley Library*. London, 1956.

JM   John Morris.

ORC   Old Royal Library Catalogue MS (Departmental Archives, Department of Printed Books, British Museum).

ORL   Old Royal Library.

STC   A. W. Pollard and G. R. Redgrave, *Short-title Catalogue of books printed in England, Scotland and Ireland 1475–1641*. London, 1926.

Wing   D. G. Wing, *Short-title Catalogue of books printed in England, Scotland and Ireland, Wales and British America*. New York, 1945–51.

THE CATALOGUE

*The Catalogue follows exactly the sequence of the entries as listed in ORC,
which accounts for some slight variations in the alphabetical sequence. Books
from other collections will be found listed in alphabetical order.*

1 Abbas, Roy de Perse,
Histoire Apologetique, 8° Paris 1631
K = Valle, P. della
583.b.20

2 Abbo Levita,
De obsessa a Normannis Lutetia Parisiorum, fol.
Par. 1602.
See 16 and 895
595.k.14

3 *Adagia*, 8° Aberdeen 1622
K = Erasmus
STC 10442, Aldis 582 (only copy recorded)
C.122.a.13(1)

4 Aelianus,
Variae Historiae Gr. Lat., 12° Colon. 1613
802.a.4

5 Aelianus,
Tactica Lat., 4° L. Bat. 1607
C.78.b.7

6 Aemilius, Ant.,
De Civili Ambitione Oratio, 4° Ultrajecti 1640
C.76.c.2(2)

7 Aemilius, Paulus,
De rebus gestis Francorum, fol. Bas. 1569
See also 554, 610 and 1361
595.h.6

8 Aeneas Sylvius,
Historia cum Contin. Jac. Picolomini, fol. Franc.
1614.
With notes by JM
483.e.4

9 Aeneas Sylvius,
*In Ant. Panormit. de Dictis et Factis Alphonsi R.
Arragon*, 4° Witeb. 1585.
C.75.b.10(2)

10 Aerodius, Petr.,
Of Parents Honour, 8° Lond. 1614
Illegible name of donor on t.p.
STC 1012
860.d.34

11 Aesopus,
Fabulae Gr. Lat., 8° Bas. 1524
1788 Sale lot 2826, G. Chalmers/Wodhull 2*s.* 6*d.*

12 Agapetus,
Scheda Regia, 4° Franc. 1615
521.e.8

13 Agnellus, Hier.,
Stemma Mastinae Gentis, 4° Venet. 1626
608.i.10(2)

14 Agobardus, S.,
Opera, 8° Paris 1605
847.e.7

15 Agrippa, Camillo,
Scienza d'arme, 4° Ven. n.d.
1805 Sale lot 106, 3*s.* 6*d.*

16 Aimonius,
de Gestis Francorum, fol. Paris 1602
See 2 and 895
595.k.14

17 Aitsingerus, Mich.,
Thesaurus Principum Europ., 8° Col. Agr. 1591
606.b.8

18 Alabaster, Gul.,
Roxana, 8° Lond. 1632
STC 250
With note by JM
636.c.33

19 Alberti, Leandro,
Descrittione d'Italia, fol. Bologna 1550
C.80.e.8

20 Albertus, Magnus,
Compendium Theologiae Veritatis, 12° Ven. 1588
3834.a.19

21 Albertus, Salomon,
De partibus Humani Corporis, 8° Wit. 1585
Inscribed: 'Dupl. $\frac{IV}{M3}$ where it is entered'
548.e.11(1)

22 Albizius, Antonius,
Principum Christianorum Stemmata, fol. Arg. 1627
604.l.2

23 *Alcoran de Mahomet, translaté par le Sieur du
Ryer*, 12° Paris 1649.
696.a.1

24 Alouete, Fr. de l',
Des Nobles & De la Maison de Couci, 4° Par. 1577
606.c.24

25 Alpinus, Prosp.,
De Plantis Aegypti, 4° Ven. 1592
443.c.17

26 Althusius, Joh.,
Politica, 8° Herborn N. 1614
C.74.a.17

27 Amadi, An. Mar.,
Annot. sopra una Canzone morale, 4° Pad. 1565
1073.h.20

28 Amatus, J. Chavign.,
Pleiades, 8° Lyon 1603
K = Chavigny
1058.a.17

29 Amatus, Joh.,
Jani Gallici Facies prior ex Nostradami Tetr.,
4° Lugd. 1594.
K = Nostredame, M. de
Marked 'D' in ORC (cf. 1769 Sale lot 420, 2*s*.)
596.e.7

30 Amatus, Joh.,
*De l'Advenement à la Couronne de Henri de
Bourbon*, 4° Lugd. 1594.
Part of 29
596.e.7

31 *Amboise, Françoise de, Vie de*, 8° Paris 1634
K = L, Fr., *Religieux Carme Reformé*
Acquired by JM 1635
Bound as C.R.I. book
486.a.23(1)

32 Ambrosius, D.,
Opera 3 vols., fol. Bas. 1555
Acquired by JM 1 March 1645
474.f.1

33 *Amedeus Pacificus*, 8° Paris 1626
K = Felix V, *Pope*
1057.a.19

34 Ammirato, Scip.,
Famiglie Nobili Fiorentine, Giunti, fol. Fir. 1615
1788 Sale lot 4223, 1*s*.
March 1832 Sale lot 234, 4*s*. 6*d*. (with others)

35 Ammirato, Scip.,
Historie Fiorentine, fol. Fir. 1600
C.78.e.9

36 Amyraut, Moyse,
Discours de la Souveraineté des Roys, 8° n.p. 1650
No copy in BM catalogue

37 Anastasius Siniata,
Quaestiones & Responsiones Gr. Lat., 4° Ing. 1607
475.a.17

38 Anastasius Siniata,
De Homin. ad Imag. Dei Creat. Gr. L., Tarini,
4° Par. 1618.
See 45, 1005, 1457
852.1.1

39 Ancre, Marq. d',
Te Deum des Biarnois pour sa Mort, 8° Par. 1607
1059.a.23(1)

40 Andrada, Franc. de,
Chronica de Joanno III, fol. Lisb. 1613
C.75.d.11

41 *Anglicarum Rerum Scriptores 10*, fol. Lond. 1652
K = Twysden, Roger
Wing H2094
1818 Sale lot 2399 Ogle, £2 17*s*. 0*d*.
1819 Sale lot 924, £3 13*s*. 6*d*.

42 Anglus ex Albiis, Tho.,
Institutiones Peripateticae, 12° Lond. 1647
K = White (Thomas) called Thomas Blacklow
Wing W1831
1135.d.15

43 Anguillara, Luigi,
Semplici, 8° Ven. 1561
546.b.4

44 Anguillara, Andrea,
Le Metamorfosi d'Ovidio, 8° Ven. 1572
1068.g.7

45 Anima,
Celebres Opiniones de, Gr. L., Tarini 4° Par. 1618
See 38, 1005, 1457
852.1.1

46 Anonymus,
De Rebus Bellicis, 4° L. Bat. 1607
Part of 1403
C.78.b.7

47 *Anthologia, Gr. Lat. part 2*, 8° n.p.n.d.
Solely on evidence of binding and blue octagonal
stamp.
997.b.5

48 *Antiquities, English*, fol. n.p. n.d.
The only JM book otherwise unaccounted for which
might fit this is a quarto: *John Leylands New Yeeres
gift . . . concerning his . . . search for Englandes
Antiquities*, n.p.n.d., STC 3834 pt II.
K = Brooke, Ralph
796.g.12(2)

49 Antigonus Carystius,
Historiae Memorabiles cum not. Meurs., Elz. 4° Lug.
Bat. 1619.
No JM copy traced

50 Antoninus, Marc. Aurel.,
Vita Gr. Lat., 12° Lugd. 1626
524.d.18

51 Antoninus, Marc. Aurel.,
Golden Book, 8° Lond. 1553
K = Guevara, A. de
STC 12441
Inscribed 'R. Foxden 1580 martii 14 a Johanne
Legget'.
C.123.b.2(3)

52 Antonius, Marc. Aurel.,
Meditations by M. Casaubon, 4° Lond. 1634
STC 962
Stamped as BM Sale Duplicate 1787; marked on
flyleaf 'Fine copy 7*s.* 6*d.*'
Sold in 1788 Sale lot 2635 for 6*d.*
G.16859

53 Antonius, Al. Nebriss.,
Dictionarium Quadruplex, fol. Matrit. 1615
With notes by JM
625.i.15

54 Aphthonius,
Progymnasmata & Fabulae Gr. Lat., 8° Paris 1621
835.d.1

55 Apicius, Caelius,
De Arte Coquinariâ cum Not. Humelbergii, 4° Tig.
1542.
1038.h.8

56 *Apologie des Catholiques unis contre ceux de la
pretendue Religion,* 8° n.p. 1586.
K = France, Ligue
596.a.9(8)

56A *Apologie des Catholiques unis contre ceux de la
pretendue Religion,* 8° n.p. 1586.
Probably a confusion with *Apologie Catholique
contre les Libelles . . . par E.D.L.I.C.,* 12° n.p. 1586.
1193.c.4(8)

57 Apuleius, Luc.,
De Virtutibus Herbarum, fol. Bas. 1528
Inscribed 'ex dono Joh. de Laet Junioris 1655';
interleaved and collated with Old English text of
Cotton Vitellius C.III by Johannes de Laet sr.
546.1.16(1)

58 Apuleius, Luc.,
Opera, 12° Lugd. Bat. 1594
1079.a.2

59 Apuleius, Luc.,
Opera Tom.2, 8° Lugd. 1614
1079.i.1

60 Apuliensis, Gul.,
Res in Italia ac Regno Neapol. Normannicae,
4° Rothom. 1582.
835.f.17(5)

61 Aquinas, Thomas,
in Pauli Epistolas cum ejusdem sermon. Dominical.,
fol. Par. 1636.
K = Bible, Epistles of St Paul, Latin
Only BM copy destroyed by bombing
3265.h.5

62 Aquinas, Thomas,
Contra Gentiles, fol. Lugd. 1587
473.g.12

63 Aquinas, Thomas
Sermones, 8° Rom. 1570
846.k.10

64 Aratus,
Phaenomena Cicerone, Avien. & German. Interpr.,
fol. Col. Agr. 1569.
546.1.16(2)

65 Aresi, Paulo,
Delle Imprese Sacre, 4° Veron. 1615
637.g.29

65A Aretinus, Leonard.,
De Rebus Italicis & Rebus Graecis, 4° Lugd. 1539
1788 Sale lot 3497 'put by'

66 Aretinus, Pet.,
Pornodidascalus, 8° Franc. 1623
1213.k.21(2)

67 Argentus, Jo.,
De Statu Jesuitarum in Polonia, 4° Ingol. 1616
860.h.10

68 Argote de Molina,
Nobleza del Andaluzia, fol. Sevil. 1588
C.79.e.9

69 Ariosto, Ludov.,
Carmina, 8° Ven. 1553
Inscribed 'tanquam explorator. Sum Ben Jonsonii'
and 'nunc vero Johannis Mauritii 1638'.
Part of 280 and 1089
t.p. reproduced in C. H. Herford and P. Simpson,
Ben Jonson, Oxford 1925, vol. I, pp. 264–5.
Formerly 1070.c.14
C.45.b.26

70 Ariosto, Ludov.,
Gli Soppositi, 8° Ven. 1538
A JM tract in a Cracherode (1780) book
672.a.25(5)

71 Ariosto, Ludov.,
Orlando Furioso Ital., 8° Ven. 1596
1073.f.8

72 Aristeas,
De 72 Interpretibus Ital., 8° Fior. 1550
Inscribed 'Sam Jon' and 'Frances Knottesford'
860.a.6

73 Aristides,
Orationes Gr. Lat. cum. Var. Lect. 2 vols., 8° n.p.
1604.
1819 Sale lot 1958, 4*s*.
March 1832 Sale lot 72, 1*s*.

74 Aristoteles,
Opera Gr. Lat. Casauboni, fol. Aurel. All. 1605
517.m.2

75 Aristoteles,
Ethica Lat. cum Var. Comm. per J.B. Felicianum,
fol. Par. 1543.
Inscribed 'Henricus Peacham Collegii Sta. et
individua Trinitatis me iure optimo tenet 1593'.
MS notes
519.i.15(2)

76 Aristoteles,
Rhetorica Gr. Lat., 4° Lond. 1619
STC 766
1788 Sale lot 4674, Ross 1*s*. 3*d*.
Inscribed 'Bigliani'
T. A. Birrell, Nijmegen, The Netherlands

77 Arnaudus, Andr.,
Joci & Epistolae, 8° Par. 1609
1080.e.8

78 *Articles de la Ligue de quelques Catholiques,* 8° n.p.
1576.
596.a.10(2*)

79 Asconius, Pedianus,
In Ciceronis Orationes, 8° Arg. 1535
835.d.5(1)

80 Asconius, Pedianus,
In Ciceronis Orationes, Ald. 8° Ven. 1563
835.d.5(2)

81 Asconius, Pedianus,
In Ciceron. Orat., cum Notis Variorum selectis,
12° Lugd. Bat. 1644.
1788 Sale lot 743 'put by'

82 Assarino, Luca,
Delle Rivolutioni di Catalogna, 4° Bologn. 1645
Formerly 1060.h.1(10)
1197.g.9

83 *Astrologia Sacra,* 4° Ingolst. 1615
K = Ingolstadt, *Academia Ingolstadiensis*
1788 Sale lot 2671, 6*d*. (bound with 631)

84 Atagni, Dionigi,
Delle Rime di diversi Porti Toscani, 8° Ven. 1565
1071.e.4

85 Aubigné d',
Histoire Universelle 3 vols., fol. Maille 1616, 18, 20
K = Aubigné, Theodore Agrippa d'
No JM copy traced

86 *Aulus Politicus,* 12° Hal. 1596
K = Pascolo, Durus de
Lacks t.p.
522.a.6

87 Avila, Hen. Cat.,
Istoria delle Guerre Civili di Francia, 8° Par. 1634
K = Davila, Enrico Caterino
C.77.c.6

88 Ausonius, D. Magn.,
Opera cum Notis Vineti & Scaligeri, 12° n.p. 1595
1002.a.3

89 Auton, Jean D',
Histoire de Louis XII, 4° Par. 1620
1199.g.5

90 Azorius, Joan.,
Collectio Proposit. ex. Inst. Moral., 4° n.p.n.d.
1195.c.4(3*)

91 Baccius, And.,
De Thermis, fol. Rom. 1622
1788 Sale lot 1855 'put by'
1831 Sale lot 232, 1*s*. 6*d*.

92 Bacon, Franc.,
De Augmentis Scientiarum Angl., 4° Lond. 1605
STC 1164
JM's pricemark: 'pret. 2*s*.'
C.38.e.26

93 Bacon, Franc.,
Essays, 8° Lond. 1606
STC 1139
JM's pricemark: 'pret. 6*d*.'
C.57.aa.39(1)

94 Bacon, Franc.,
Essays, 8° Lond. 1612
STC 1141
C.57.aa.39(2)

95 Baldassare,
Della Natura de'Cibi e del Bere, 8° Gen. 1584
K = Pisanelli, B.
See 1092
Inscribed 'C. Hubert'
1037.c.6

96 Baldesano, Guillelm,
Historia de la Legion Thebea, 4° Mad. 1594
C.83.b.2

97 Balduinus, Franc.,
De Ecclesia & Reformatione, 8° n.p.n.d.
1059.a.5(9)

98 Balduinus, Franc.,
Les Moyens de Reformer l'Eglise, 8° n.p.n.d.
Part of 97
1059.a.5(9)

99 Balduinus, Franc.,
De Institutione Historiae Universae, 4° Par. 1561
580.e.30(1)

100 Balduinus, Franc.,
Comm. ad Leges de Famosis Libellis, 4° Par. 1562
580.e.30(2)

101 Baldus, Bernard,
Versi et Prose, 4° Ven. 1590
839.k.13

102 Balzac,
Œuvres, 8° Par. 1633
JM note on flyleaf
1085.f.1

103 Balzac,
Le Prince, 4° Par. 1631
521.k.8

104 Balzac,
Lettres part 2, 2 vols., 8° Par. 1637
1085.f.4 marked with BM duplicate stamp 1804
(cf. 1818 Sale lot 117, 6*d*. with another)
1085.f.3, 4

105 Balzac,
Reponse a sa 2de Lettre imprimée avec le Prince,
4° n.p. 1632.
831.b.21(6)

106 Bara, Hierome de,
Blason des Armories, fol. Lyon 1581
Marked 'D' in ORC
1769 Sale lot 654, 1*s*.
605.f.1

107 Barbarus, Hermolaus,
Orationes & Praelectiones, 4° Par. 1509
Inscribed 'Hic liber devotus et dicatus est Collegio
Corporis Christi in Universitate Oxoniense'.
Formerly tract (1) of tract vol. 1073.1.4(1–15)
With list by JM of other tracts formerly in vol.
Part of 1113 and 168. See also 157–67 and 919
1073.1.4

108 Barclaius, Gul.,
De Potestate Papae, 8° n.p. 1609
STC 1408
847.h.12

109 Barclaius, Joh.,
Sylvae, 4° Lond, 1606
STC 1402 (only copy recorded)
1213.1.7(2)

110 Barclaius, Joh.,
Poemata, 4° Lond. 1615
STC 1387
1213.1.7(4)

111 Barclaius, Joh,,
Satyricon cum Clave, 12° Leid. 1623
Notes on flyleaf by JM
836.a.3

112 Barclaius, Joh.,
Argenis cum Clave, Elz. 12° Lug. B. 1627
1074.a.3

113 Barillere, D. L.,
Le Censeur Francois, 12° Par. 1604
596.a.22(3)

114 Barnes, Juliana,
Gentleman's Academy, 4° Lond. 1595
STC 3314
No JM copy traced

115 Barralis, Vincent,
Chronologia Sanctorum de Insulae Lerinensis,
4° Lugd. 1613.
485.d.18

116 Barros, Joan de,
Asia 4 vols., fol. Lisb. Mad. 1615, 1618
Bought by JM 1649
C.79.c.10, 11

117 Barthius, Caspar,
Panegyricus, 12° Han. 1612
No JM copy traced

118 Barthius, Caspar,
Historia Direptionis Urbis Romae, 8° n.p.n.d.
1213.k.21(2)

119 Barthius, Caspar,
Epidorpius imperf., 8° n.p.n.d.
1213.k.21(2*)

120 Barthius, Caspar,
De Fidei Salvifica, 8° Franc. 1623
1213.k.23(3)

121 Bartholinus, Thomas,
De Unicornu, 8° Patav. 1645
976.e.21

122 Bartholomaeus Coloniensis,
Dialogus Mythologicus, 8° Mogunt. 1521
No JM copy traced

123 Basanier,
L'Histoire de la Florida, 8° Par. 1586
C.32.b.24

124 Basilius, Imp. Constant.,
Paternelles Remonstrances, 8° Par. 1580
1058.a.11(4)

125 Basilius,
Quomodo legendi Graecorum Libri, 4° Par. 1623
Part of 1105 and 1322
1818 Sale lot 2334, Hawkins 11s. 6d.

126 *Batavica Apocalypsis*, 8° n.p. 1627
Part of 133
596.a.13(6)

126A *Battailes, The Second Book of*, 4° Lond. 1587
K = Book
STC 20090
534.f.33

127 Baudius, Dominicus,
Poemata, 8° Lug. Bat. 1616
1213.h.12

128 Baudius, Dominicus,
Epistolae, 8° Lug. Bat. 1620
1084.h.12

129 Becanus, Martinus,
Conclus. de la Sorbonne &c. contre son Livre De Potest Reg. & Pontif., 4° n.p. 1613.
1195.c.4(4)

130 Beda,
Historia Ecclesiastica Anglorum, 12° Col. Agr. 1601
858.a.4

131 Bedé, J.,
De La Supremacie du Pape, 8° Sedan 1615
Inscribed: 'Dupl. $\frac{XI}{\frac{c\ a}{3}}$ where it is entered'

860.d.9(7)

132 Bedé, J.,
Droit des Rois contre Bellarmin, 8° Franck. 1611
860.d.9(4)

133 *Belgici Belli Causa Progressus Finis*, 8° n.p. 1627
K = Netherlands (Appendix, History and Politics)
596.a.13(6)

134 Bellay, Martin du,
Memoires, 8° Roch. 1573
613.c.2

135 Bellay, Guill. du,
Aloph & Damaris, 12° Lyon 1626, 7
K = Camus, Jean Pierre, *Bishop of Belley*
1073.a.26(1, 2)

136 Bellay, Joach.,
Œuvres, 4° Par. 1582
839.h.24(2)

137 Bellehachius, Oger.,
Bucolica, 4° Lond. 1583
STC 1846
1070.m.31(4)

138 Belley, Evesque,
Decades Historiques, 8° Douay 1632
K = Camus, Jean Pierre, *Bishop of Belley*
1073.c.12

139 Belley, Evesque,
Crayon de l'Eternité, 8° Douay 1631
850.c.10

140 Belley, Evesque,
Varietés Historiques, 8° Par. 1631
1073.c,10

141 Belley, Evesque,
Le Cleoreste 2 vols, 8° Lyon 1626
1073.c.8, 9

142 Belley, Evesque,
Agathonphile, 8° Par, 1621
1073.c.6

143 Belley, Evesque,
Relations morales, 8° Rouen 1638
1073.c.14

144 Belley, Evesque,
Evenemens singuliers, 8° Rouen 1637
1073.c.13

145 Belley, Evesque,
Diversitez Tom. 2, 9 & 10, 8° Par. 1609, 14
Vol. 2 (C.81.a.5, formerly 1073.c.3) is in fact a James I book.
1073.c.4, 5

146 Bellonius, Pet.,
Observationes per C. Clusium, fol. Lug. Bat. 1605
K = L'Ecluse, C. de
Part of 402
Marked 'D' in ORC
With BM Sale duplicate stamp 1787 and 'Dup. Sloane' in MS on t.p.; also '£2–12–6' in pencil on flyleaf.
C.83.i.6

147 Bembus, Pet.,
Gli Asolani, 8° Ven. 1544
1074.e.6(2)

148 Bembus, Pet.,
Rime, 8° Ven. 1540
1074.e.6(1)

149 Bembus, Pet.,
Carmina, 8° Ven. 1548
1070.c.13(3)

150 Bemechobus,
Prophetiae & Revelationes, 8° n.p.n.d.
K = Liber, Mirabilis
718.c.4

151 Bemechobus,
Prophetiae et Revelationes Gall., 8° n.p.n.d.
Part of 150
718.c.4

152 Bene, Alph. del,
De Gente & Familia Marchionum Gothiae, 8° Lug. B. 1607.
C.77.a.2

153 Benivieni, Girolamo,
Opere, 8° Ven. 1522
1071.e.11

154 Ben-oni,
Visiones & Doctrina, 4° n.p.n.d.
491.c.9

155 Bernardus Morlanensis,
De Contemptu Mundi, 12° Luneb. 1640
1213.d.16

156 Bernia,
Opere in terza rima, 8° Ven. 1538
K = Berni, F.
Contemporary Venetian binding
C.65.f.4(1)

157 Beroaldus, Phil.,
Isocratis ad Demonicum Oratio praeceptiva Lat., 4° Par. n.d.
See 107 and 1113
Formerly 1073.1.4(2)
1073.1.44

158 Beroaldus, Phil.,
Paeanas Divae Virginis, 4° Par. 1506
Formerly 1073.1.4(3)
1073.1.45

159 Beroaldus, Phil.,
Vir prudens, 4° Par. 1506
Formerly 1073.1.4(3)
1073.1.45

160 Beroaldus, Phil.,
Epigrammata ac Ludicra Carmina, 4° n.p.n.d.
Formerly 1073.1.4(4)
1073.1.46

161 Beroaldus, Phil.,
Carmen de Die Passionis Dominicae, 4° n.p.n.d.
Formerly 1073.1.4(5)
1073.1.47

162 Beroaldus, Phil.,
Septem Sapientes, 4° n.p.n.d.
Formerly 1073.1.4(6)
1073.1.48

163 Beroaldus, Phil.,
De optimo Statu, 4° Par. 1507
Formerly 1073.1.4(7)
1073.1.49

164 Beroaldus, Phil.,
De Felicitate, 4° Par. 1507
Formerly 1073.1.4(8)
1073.1.50

165 Beroaldus, Phil.,
Declam. Philos. Med. & Orat. de Excellentiâ Disceptantium, 4° Par. 1507.
Formerly 1073.1.4(9)
1073.1.51

166 Beroaldus, Phil.,
Decl. Ebrios. Scortat. Aleat. de Viciositate Disceptantium, 4° Par. 1508.
Formerly 1073.1.4(11)
1073.1.53

167 Beroaldus, Phil.,
Symbola Pythagorae, 4° Par. 1509
Formerly 1073.1.4(12)
1073.1.54

168 Beroaldus, Phil.,
Orationes & Praelectiones, 4° Par. 1509
Part of 107
1073.1.4

169 Berthault, P.,
Florus Francicus, 12° Col. 1633
1193.c.12

170 Berthius, Pet.,
De Aggeribus & Pontibus ad Mare extructis, 8° Par.
1629.
With autograph of Ben Jonson and inscription in
Jonson's hand: 'ex don. amicissime Ron.
Woodward'.
568.b.22

171 Berthius, Pet.,
Logica Peripatetica, 8° Lug. Bat. 1604
527.b.8

172 Berthius, Pet.,
Tabulae Geographicae contractae, 12° Amst. 1600
In fact oblong 4°
Inscribed by JM: 'Lugduni Batavorum 1608'
Maps 39.a.6

173 Besoldus, Christ.,
Historia Constantinopolitano-Turcica, 12° Arg.
1634.
1194.a.23

174 Besse, Pet. de,
Concordantiae Bibliorum, fol. Par. 1611
L.15.f.4

175 Beverovicius, Joh.,
De Vitae Termino, 4° Lug. Bat. 1636
478.a.11

176 Beurier, Louys,
*Histoire du Monastère & Couvent des Pères
Celestins*, 4° Par. 1634.
K = Beurrier
702.k.6

177 Beza, Theod.,
Poemata, 4° n.p. 1597
837.i.3

178 Beza, Theod.,
De Francicae Linguae recta Pronunciatione,
8° Genev. 1584.
Inscribed 'J. Wyllys'
626.c.34

179 *Biblia, Latine cum Concordantiis*, 4° Lugd. 1516
Inscribed '1570 Parry'; 'ex dono W. Parry'; and, in
hand of JM, 'Johannes Mauritius ex dono viri cl. et
amici summi Nicolai Hare 1621, cum aliquot aliis ex
eius mortui Bibliotheca'.
463.b.2

180 *Bibliotheca Lugduno-Batava*, Elz. 4° Lug. Bat.
1640.
C.75.b.25

181 Bilgenius, Alb. Otto,
Genealogia Comitum Solmensium, 4° Giesn. 1621
605.d.26

182 Bilson, Tho.,
De perpetuâ Ecclesiae Christi Gubernatione,
4° Lond, 1611.
STC 3067
849.i.6

183 Bilson, Tho.,
Difference between Subjection and Rebellion, 4° Oxf.
1585.
STC 3071
1010.c.17

184 Birago, Gio. Bat.,
Historia di Portogallo, 8° Genev. 1646
1196.a.12

185 Birague, Lud. de,
Manifeste, 4° n.p. 1561
605.d.18(5)

186 Bismarcus, Jo.,
Vitae Theologorum Reformantium, 4° Halae 1615
C.73.b.11

187 Blackwell, Geor.,
*J.B.'s Treatise against him entituled The Hope of
Peace*, 4° Franc. 1601.
K = B., J
STC 1884. Alrog 103
Inscribed 'William Walter'
860.i.26

188 Blesensis, Petrus,
Opera Busaei, 4° Mog. 1600
860.l.7

189 Blochwit, Jo.,
Anatomia Sambuci, 12° Lipsiae 1631
723.b.7

190 *Bloys, Coustumes generales de*, 8° Bloys 1580
1059.a.13

191 *Bloys, Les Etats tenus 6 Decr. 1576 à*, 8° n.p.n.d.
1059.a.14(3)

192 *Bloys, Harangue du Roy H. 3 à l'Assemblée des
Etats à*, 8° Par. 1588.
1059.a.14(4)

193 *Bloys, Actes de la seconde Seance des Etats à*,
8° Par. 1588.
1059.a.14(4)

194 *Blois, Acta Concilii 15 Nov. 1576*, 8° Rignav.
1577.
596.a.13(2)

195 Boate, Gerard,
Natural History of Ireland, 8° Lond. 1652
Wing B3372
957.c.27

196 Bocatius, Joh.,
Comedia delle Nimfe Fiorentine, 8° Ven. 1526
1074.f.7

197 Bocatius, Joh.,
Il Decamerone per Girol. Ruscelli, 4° Ven. 1522
634.g.9

198 Boccalini, Trajano,
Pietra del Paragone politico, 4° Cosm. 1615
Marked 'D' in ORC
C.76.c.11(1)

199 Boccalini, Trajano,
Pietra del Paragone politico, 24° Cosm. 1640
524.a.31

200 Bochart,
Lettre à Morley, 8° Par. 1650
No JM copy traced

201 Bodecherus, Janus,
Satyricon et Sermones, 12° Lug. Bat. 1631
1080.a.2

202 Boethius, Anselm,
Historia Gemmarum & Lapidum, 4° Han. 1609
1831 Sale lot 367, 2*s*.
July 1832 Sale lot 1290

203 Boiardo, Mat. Mar.,
Orlando innamorato, 4° Ven. 1544
1818 Sale lot 485, £3 3*s*. 0*d*.

204 Boissardus, Janus, Jac.,
Icones et Vitae Sultanorum Turcicorum &c.,
4° Franc. 1596.
Marked 'D' in ORC
1199.f.16

205 Boissardus, Janus, Jac.,
De Divinatione & Magicis Praestigiis, fol. Oppenh.
n.d.
719.k.5

206 Bolton,
Elements of Armory, 4° Lond. 1610
STC 3220
605.b.6

207 Bonarelli, C. Prospero,
Il Solimano, 4° Fir. 1620
839.e.3

208 Bonarelli, Guidibaldo,
Filli di Sciro, 4° Ferrar. 1607
With notes by JM
639.f.1

209 Bonarscius, Clar.,
Amphitheatrum Honoris contra Calvinistas,
4° Paleop. 1606.
1818 Sale lot 289, 2*s*. 6*d*.

210 Bonarsius, Car.,
Poema dictum Ante omnia, 8° n.p.n.d.
860.b.15(2)

211 Bongarsius, Jac.,
Epistolae, Elz. 12° Lug. Bat. 1647
1084.b.14

212 Bongus, Patric.,
De Mystica Numeri 4 Significatione, 8° Ven. 1585
528.b.2

213 Bonifacius, Balthasar,
Urania, 4° Tarv. 1627
537.m.11(2)

214 Borbonius, Lud. Pr. Condaeus,
Lettres a la Roine Mere, 8° n.p. 1565
K = Henry I (de Bourbon) *Prince de Condé*
1059.a.5(12)

215 Borbonius, Lud. Pr. Condaeus,
Recueil des Choses avenues en son Armée, 8° n.p.
1577.
Inscribed 'Nicolas Noblet'
1193.c.4(7)

216 Borbonius, Lud. Pr. Condaeus,
Declarations, 4° n.p. 1562
1058.h.13(1–2)

217 Borbonius, Lud. Pr. Condaeus,
Lettre a la cour de Parlement avec 2de Declaration,
4° n.p. 1562.
1058.h.13(3)

218 Borbonius, Lud. Pr. Condaeus,
Traicté d'Association, 4° n.p. 1562
1058.h.13(4)

219 Borbonius, Lud. Pr. Condaeus,
Les Moyens de pacifier le Trouble en ce Royaume,
4° n.p. 1562.
1058.h.13(7)

220 Borbonius, Lud. Pr. Condaeus,
Response a la Requeste du Triumvirat, 4° n.p. 1562
1058.h.13(8*)

221 Borbonius, Lud. Pr. Condaeus,
Sommaire Declaration & Confession de Foy, 4° n.p.
1562.
1058.h.13(9)

222 Borbonius, Lud. Pr. Condaeus,
Recusations envoyees au Parlement, 4° n.p. 1562
1058.h.13(10)

223 Borbonius, Lud. Pr. Condaeus,
Discours des Moyens qu'il a tenu pour pacifier,
4° n.p. 1562.
1058.h.13(11)

224 Borbonius, Lud. Pr. Condaeus,
Prieres ordinaires des Soldats de son Armée, 4° n.p.
1562.
1058.h.13(12)

225 Borbonius, Lud. Pr. Condaeus,
Discours des Choses faictes par lui, 4° n.p. 1562
1058.h.13(13)

226 Borde, S. de la,
Les Obseques de Henri, 2, R. Steph. 4° Par. 1559
K = Signac, F. de
605.d.18(3)

227 *Borromaeorum Familiae Elogium p. Bas de
Seren*, 4° Mediol. 1618.
K = Serenius, B.
C.76.c.14

228 Boscan, Juan de,
Las Obras, 12° Salam. 1547
An error in ORC; no such edition exists (probably a
confusion with 229).

229 Boscan, Juan de,
Las Obras, 8° Anv. 1547
In fact printed in Rome
See 1398
C.63.e.19

230 Bossewell, John,
Of Armory, 4° Lond. 1597
STC 3394
605.b.49

231 Boterius, Rod.,
Comment. de Rebus toto fere Orbe gestis, 8° Par.
1610.
779.c.10

232 Boterius, Rod.,
Lutetia, 8° Par. 1611
1213.1.12(1)

233 Boterus, Joh.,
Detti memorabili, 8° Vicenza 1610
1080.f.4

234 Boterus, Joh.,
I Prencipe, 8° Ven. 1601
522.b.10(2)

235 Boterus, Joh.,
Ragione di Stato, 8° Ven. 1601
522.b.10(1)

236 Boterus, Joh.,
Delle Cause della Grandezza della Citta, 8° Ven.
1601.
Part of 235
522.b.10(1)

237 Boterus, Joh.,
Aggiunte alla Ragion di Stato, 8° Ven. 1600
Part of 234
522.b.10(2)

238 Boterus, Joh.,
Dell'Officio del Cardinale, 8° Rom. 1599
Marked 'D' in ORC
861.b.26

239 Bottazzo, Jacopo,
Dialoghi Maritimi, 8° Mant. 1547
March 1832 Sale lot 346, 2s.
March 1832 Sale lot 1060, 10s. 6d. (with others)

240 Bouchet, Jean,
Annales d'Aquitaine, fol. Poictiers 1557
Inscribed 'R. Glover Somerset'
596.h.15

241 Bouchet, Guill.,
Serées Liv. 1 & 3, 12° Par. 1608
1073.b.34

242 Bouistuau, Pedro,
Historias Prodigiosas, 8° Madr. 1603
1197.b.5

243 Boullay, Edm. du,
L'Enterrement du Duc de Guise, 8° Par. 1551
1059.a.2(1)

244 *Bourdeaux, Response du Roy a la Requeste des
Habitans de*, 8° Par. 1565.
K = France, Sovereigns, etc., Charles IX King
1059.a.5(14)

245 Bourdigne, Jehan de,
Annales d'Anjou, fol. Par. 1529
Inscribed 'Henry Cobham 1583' and 'for Mr. Beele'
596.k.6

246 Boyvin, Franc. de,
Memoires sur les Guerres en Piedmont &c., 4° Paris
1606.
K = Boivin, F. de
1197.k.20

247 Braschius, Martin,
Classicum ad Germanos, 4° Franc. 1597
1197.d.14(7)

248 Breves, M. de,
Les Voyages, 4° Par. 1628
567.f.22

249 *Breviarum Romanum Urban 8*, Plant. 4° Ant.
1636.
470.a.2

250 Breul, Jacques du,
Antiquitez de Paris, 4° Par. 1622
Presumably an error in ORC for 1612
BM copy missing since 1964
575.i.17

251 Breul, Jacques du,
Antiquitez de Paris Supplem. Lat., 4° Par. 1614
C.83.d.11

251A *Britannicae Ecclesiae Antiquitates*, fol. Han.
1605.
With note on flyleaf by JM; see 1031A
K = British Church
490.k.19

252 Brooke, Ralph,
Discovery of Errors in Camden's Britannia,
4° n.p.n.d.
STC 3834
796.g.12(1)

253 Broue, Salom. de la,
Le Cavalier François, fol. Par. 1602
K = La Broue, Salomon de
1788 Sale lot 4518, 1s.

254 Brown, Tho.,
Vulgar Errors, fol. Lond. 1646
Wing B5159. Keynes 73
C.116.c.5

255 Bruno, Vincenz.,
Teatro degl'Inventori di tutte le Cose, fol. Nap. 1603
C.76.d.14

256 Brunsuerdus, Joan.,
Progymnasmata Poetica, 4° Lond. 1590
STC 3945
Probably Heber-Britwell-Harmsworth-Folger copy
which has 1787 BM Duplicate Stamp.

257 Brussius, Guillielm.,
Diarium de Tartaris, fol. Franc. 1598
583.i.8(2)

258 Brutus, Jo. Mich.,
Historia Florentina, 4° Lugd. 1562
Inscribed by Cracherode (1789)
673.g.17

259 *Bruxels, Peace concluded at*, 8° Brux. 1576
In fact published in London
STC 18448 (BM, Folger and Huntington copies
listed).
721.a.6(4)

260 Buchanan, Georg.,
Historia Scotorum, fol. Edin. 1582
STC 3991 Aldis 182
C.75.d.14

261 Bucus, Georg.,
Δαφνις πολυστεφανος, 4° Lond. 1605
STC 3996
Inscribed 'Windsore Pendlebury' and 'Addison'
C.71.b.18

262 Budeius, St. Parmen,
De Navigatione Humfredi Gilberti, 4° Lond. 1582
K = Parmenius
STC 4015
Only BM and Huntington copies recorded
1070.m.31(3)

263 Bulwer, John,
Pathomyotomia, 12° Lond. 1649
Wing B5468
548.b.7

264 Buonfiglio, Gioseppe,
Historia Siciliana, 8° Ven. 1605
Blue octagonal BM stamp, reddish brown leather,
wavy blue endpapers.
591.e.26

265 Burchius, Lamb. van der,
Hist. Gentilitia Sabaudorum Ducum, Plant. 4° Ant.
1599.
C.81.b.12

266 Burgravius, Joh. Ern.,
Achilles πανοπλος*-redivivus,* 8° Amst. 1612
621.b.24(1)

267 Burton, William,
Description of Leicestershire, fol. Lond. 1622
1769 Sale lot 133 Hasted

268 Busaeus, Joh.,
Paralipomena Opusculorum Petri Blesensis & al.,
8° Col. Agr. 1624.
K = Peter of Blois
1008.a.21

269 Busbequius, A. G.,
Legationis Turcicae Epistolae, 8° Franc. 1595
K = Gislenius, A.
With notes by JM
1208.c.1

270 Butkens, F. Ch.,
Annales Genealogiques de la Maison de Lynden, fol.
Anv. 1626.
608.k.10

271 Butler, Carol.,
De Propinquitate Matrimonium impediente,
4° Oxon. 1625.
STC 4201
498.b.25(1)

272 Caesar, Julius,
Opera, 8° L. Bat. 1606
Marked 'D' in ORC
586.c.8. has JM initials (in another hand) in top right-
hand corner of t.p. deleted; black octagonal BM
stamp and inscription 'Tho. Caister' and 'R.1139'
(i.e. Sloane).
1788 Sale lot 4605 'put by'

273 Caesar, Julius,
Opera cum notis Aldi, 8° Ven. 1575
586.c.5

274 Caesarius, Greg. Naz.,
Quaestiones Theologicae Gr. Lat., 4° Aug. V. 1626
862.i.3

275 Cagnatius, Marsilius,
De Sanitate tuenda, 4° Rom. 1591
1039.h.14(1)

276 Caius, Joh.,
De Canibus Britannicis, 8° Lond. 1570
1788 Sale lot 993 Dr Combe/Tomkins 3s.

277 Caius, Joh.,
De rariorum Animalium & Stirpium Historia,
8° Lond. 1570.
See 276 above

278 Caius, Joh.,
De Libris Propriis, 8° Lond. 1570
See 276 above

279 Calbetus, L. Porcius,
Apologetica Expostulatio pro P.Q. Mamertino,
4° Cosent. 1628.
C.74.c.8(1)

280 Calcagninus, Caelius,
Carmina, 8° Ven. 1553
Inscribed 'tanquam explorator. Sum Ben: Jonsonii'
and 'nunc vero Johannis Mauritii 1638'.
Part of 69 and 1089
t.p. reproduced in C. H. Herford and P. Simpson,
Ben Jonson, Oxford 1925, i 264–5.
Formerly 1070.c.14
C.45.b.26

281 Callidius, Corn. Chrysop.,
Apologia in Orationem Philippi de Marnix,
4° n.p.n.d.
No JM copy traced

282 Callidius, Corn. Loos.,
Catalogus Illustrium Scriptorum Germaniae,
8° Mog. 1582.
Marked 'D' in ORC
With notes by JM
617.d.13

283 Camdenus, Gul.,
Elizabetha, fol. Lond. 1615
STC 4496
C.75.d.12

284 Camdenus, Gul.,
Britannia, 4° Lond. n.d.
1788 Sale lot 2925, 6d.

285 Camerarius, Joach.,
De rebus Turcicis, fol. Fran. 1598
See 994
583.i.8(1)

286 Camoens, Luis de,
Os Lusiadas, 4° Lisb. 1572
Extensive marginal notes by JM indicative of careful
reading.
C.30.e.34

287 Campana, Caesar,
Delle Famiglie le quali hanno Segnor: in Mantoua,
4° Mant. 1590.
1056.l.1(2)

288 Campana, Caesar,
Historie del Mondo, 4° Ven. 1596
582.f.8(1)

289 Campana, Caesar,
Delle famiglie di Baviera, 4° Veron. 1592
582.f.8(2)

290 Campanella, Tho.,
De Monarchia Hispanica, Elz. 12° Lug. B. 1641
C.73.a.12

291 Campanella, Tho.,
Realis Philosophia Epilogistica, 4° Franc. 1623
Marked 'D' in ORC
With notes by JM on flyleaf; black octagonal BM
stamp; initials 'JM' on top right-hand corner of t.p. in
another hand.
536.g.3(1)

292 Campanile, Fil.,
L'Armi de'Nobili, fol. Nap. 1610
C.79.c.4

293 Campianus, Edm.,
Rationes decem, 12° Herb. 1559
860.d.30

294 Campiglia, Alessand.,
Delle Turbulenze di Francia, 4° Ven. 1617
596.f.7

295 Camuzat, Nic.,
Anonymi Chronologia ad Annum 1223, 4° Trecis
1608.
K = Robertus, Altissiodorensis
C.77.b.21

296 Camuzat, Nic.,
Promptuar. S. Antiquitatum Tricassinae Diocesews,
8° Aug. Trec. 1610.
Marked 'D' in ORC
1788 Sale lot 3721 Tomkins 1s. 6d.

297 Canaye, Phil.,
Ambassades 3 vols., fol. Par. 1635, 6
No JM copy traced

298 *Cantique des Fidelles des Eglises de France*,
8° Lyon 1564.
1059.a.5(3)

299 Capella, M. Min. Fel.,
Satyricon cum Grotii Notis, 8° Lug. Bat. 1599
With notes by JM
718.b.12

300 Capilupi, Camillo,
Stratagema di Carlo 9, 8° n.p. 1574
596.a.9(5)

301 Capilupi, Camillo,
Stratagema di Carlo 9 France., 8° n.p. 1574
596.a.9(6)

302 Caporali, Cesare,
Rime piacevoli, 12° Fer. 1592
1070.a.16(1)

303 Caprino, G. Pel.,
Della Vera Poetica, 4° Ven. 1555
Bought by JM at Venice 1611
1087.c.1(1)

304 Carracciolius, Ant.,
De Vita Paul IV & al., 4° Col. Ub. 1612
C.81.c.13(1)

305 Carafa, Car.,
Germania restaurata, 8° Col. Ag. 1639
861.e.14

306 Cardanus, Hier.,
De propria Vita, 8° Par. 1643
551.a.5

307 *Cardinalium S. Romanae Ecclesiae Nomenclator
ab Anno 1000 ad 1614*, 4° Tolos. 1614.
K = Rome, Church of, Cardinals
With notes by JM
487.h.16

308 Carducci, Ottav.,
Caratteri delle Virtu & de Vitii, 12° Ven. 1628
524.a.25

309 Carolus I, R. Angl.,
Ceremonies a son Mariage avec M. la Soeur du Roy,
8° Par. 1625.
1192.h.6(1)

310 Carolus I, R. Angl.,
Defensio, 12° n.p. 1650
600.a.8

311 Carolus 5, Imperat.,
Liber Apologeticus contra Pontif. Clement. 7, 4° Ant.
1587.
K = Charles V, Emperor of Germany
Part of 412; formerly 591.c.22(7)
591.c.32

312 Carolus IX, R. Gall.,
Discours sur sa Liberté ou Captivité, 4° n.p. 1562
1058.h.13(6)

313 Carolus IX, R. Gall.,
Edict sur la Pacification des Troubles, 4° n.p. 1562
1058.h.13(14)

314 Carolus Calvus, R. Gall.,
*Capitula in div. Synod. & Placit. edita cum Not.
Sirmondi*, 8° Par. 1623.
K = Franks
1058.b.16

315 Carolus Com. Fland.,
Vita per Gualterum, 8° Lut. 1615
With notes by JM
4827.a.25

316 Caroso, M. Fabr.,
Il Balarino, 4° Ven. 1581
Inscribed by JM: 'pretio 3s. in Genoua'
558*.c.17

317 Carpenterius, Pet.,
Epistola ad Franciscum Portum Cretensem, 8° n.p.
1572.
596.a.13(1)

318 Carraffa, Batt.,
Historia di Napoli Parte 1ᵐᵃ, 4° Nap. 1572
Bought by JM in 1633
591.d.26

319 Cartari, Vinc.,
Le Imagini degli Dei degli Antichi, 4° Pad. 1615
No JM copy traced

320 Casa, Joh. della,
Il Galatheo Fr. & Ital., 12° Flor. 1574
1030.a.10(1)

321 Casa, Joh. della,
Rime et Prose 12° Ven. 1612
1030.a.10(2)

322 Casa, Joh. della,
Rime, 8° Ven. 1538
C.65.f.4(3)

323 Casaubon, Is.,
Epistolae cum Thorii Narrat. de Morbi eius Mortisque Causa, 4° Hag. 1638.
1084.l.11

324 Casaubon, Is.,
Of the Original of Idolatry, 4° Lond. 1624
STC 4747
1819 Sale lot 385, 1s. 6d.

325 Casaubon, Meric,
Pietas Angl., 4° Lond. 1624
STC 4751
701.c.3(1)

326 Casaubon, Meric,
Pietas Gall., 4° Lond. 1624
STC 4752 (only BM copy recorded)
701.c.3(2)

327 Casaubon, Meric,
De Verborum Usu, 12° Lond. 1647
Wing C802
1088.b.6

328 Castellionaeus, Joh. Ant.,
Antiquitates Mediolanenses, 4° Med. 1625
K = Castiglione, G. A.
1788 Sale lot 4389, 6d.

329 Castellus, Barth.,
Lexicon Medicum Graeco-Latinum, 8° Ven. 1626
773.b.2

330 Castelnau, Michel de,
Memoires, 4° Par. 1621
1197.i.16

331 Castiglione Bald.,
Il Cortegiano, 8° Ven. 1544
Contemporary Venetian binding with 'Fortuna' stamp; with notes by JM; inscribed on end pastedown 'I warrant this Boke perfect at XVᵈ Thomas Bourne'.
C.69.a.7

332 Castiglione, Baldessar.,
Il Cortegiano Lat. Barth. Clerke, 8° Lond. 1603
STC 4786
Inscribed by JM 'pretium 12ᵈ. Quod libet licet'
1030.c.10

333 Castiglione, Baldessar.,
Carmina, 8° Ven. 1545
1070.c.13(3)

334 Castillo, Hernand.,
Historia de S. Domingo, fol. Val. 1612
490.i.3

335 Castro, Don John de,
Vida de el Rey Dom Sebastiani de Portugal con Aiunta, 8° Par. 1602.
1195.a.3(2)

336 *Catalogne*,
Histoire de tout ce qui s'est passé en la, 4° Rouen 1642.
K = Catalonia
1060.i.28

337 *Catalogus Plantarum Horti Medici Oxoniensis Ang. Lat.*, 8° Oxon. 1648.
No JM copy traced

338 Catel, Guill.,
Memoires de Languedoc, fol. Tolose 1633
C.74.h.8

339 Cato, M. Porc.,
De Re Rustica & Fragmenta, 8° n.p.n.d.
JM signature very faint; black octagonal stamp
967.a.21(2)

340 Cavacius, Jac.,
Historia Caenobii D. Justinae Patavinae, 4° Ven. 1606.
859.k.4

341 Cavalerius, Joh. Bapt.,
Antiquae Statuae Urbis Romae 2 vols., fol. Rom.
1624.
K = Rome, *The City (Appendix, Antiquities)*
With MS index by JM
C.74.d.5(1, 2)

342 *Cavalier de Savoye*, 12° n.p. 1607
K = French Soldier
1193.c.6(4)

343 *Cavalli, Libro de Marchi de*, 12° Ven. 1626
K = Libro
1040.a.8

344 Cavitellius, Lod.,
Annales Cremonenses, 4° Cremon. 1588
795.g.1

345 Cauriolo, Helia,
Della Historie Bresciane, 4° Bresc. 1585
K = Capreolus, Elias
592.c.20

346 Caussinus, Nic.,
De Eloquentia Sacra & Humana, 4° Par. 1630
836.k.12

347 Cayet,
Chronologie Septenaire, 8° Par. 1605
K = Palma Cayet, P.V.
1059.c.10

348 Ceccherelli, Alessandro,
Azioni e Sentenzie di Alessandro de' Medici, 12° Fir.
1587.
611.a.33

349 *Censure faicte par les Evesques de Sens du Livre
De Ecclesiast. & Polit. Potestate*, 4° n.p.n.d.
1195.c.4(3)

350 Ceparius, R. P. Virgil.,
Vita B. Aloysii Gonzagae, 8° Ant. 1609
Inscribed 'ex liberali donatione Admodum Reverend.
& Praenob. D. Caroli Boccabella Gandavensis
Ecclesiae Canonici' and 'Societatis Jesu Crucenari'.
862.g.6(1)

351 Cervantes, Miguel,
Comedias y Entremeses, 4° Mad. 1615
1805 Sale lot 308, £4 1s. 0d.
Bodley Vet.G.2.e.2

352 Cervantes, Miguel,
Novellas Esemplares, 8° Pampl. 1617
1074.d.12

353 Cervantes, Miguel,
Novellas Esemplares, 8° Sev. 1624
1074.d.13

354 Cervantes, Miguel,
Don Quixote, 8° Lisb. 1605
C.58.c.26

355 Cervantes, Miguel,
Don Quixote part 2, 4° Mad. 1615
C.59.c.34

356 Cervantes, Miguel,
Travaux de Persile & de Sigismonde, 8° Par. 1618
C.58.bb.15

357 Cespedes, Gonçalo de,
Poema Tragico del Español Gerardo, 4° Madr. 1623
1074.i.16

358 Chalcocondylas, Laon.,
De Rebus Turcicis, fol. Bas. 1562
589.1.6

359 Chalonerus, Tho.,
Poemata 4° Lond. 1579
STC 4938
1070.m.31(1)

360 Champlain,
Voyages en la nouvelle France, 8° Par. 1627
C.32.b.23

361 Champlain,
Voyages en la nouvelle France, 4° Par. 1632
See 804
C.32.h.10

362 Champlain,
Voyages en la nouvelle France, 4° Par. 1613
C.32.h.9

363 Chantelouve, P.,
Lettre au Cardinal de Richelieu, 4° n.p.n.d.
831.b.21(1)

364 Chapman, George,
Seven Bookes of Homer's Iliad, 4° Lond. 1598
STC 13632
364–8 marked as originally part of a single tract vol.
Formerly 1077.e.3(4) and 1077.e.54
Inscribed 'sum Ben Jonsonii'
See 1279, 1384, 1427
C.39.d.46

365 Chapman, George,
Achilles Shield, 4° Lond. 1598
STC 13635
With marginal markings characteristic of Ben
Jonson.
Formerly 1077.e.3(4*) and 1077.e.74
C.39.d.54

366 Chapman, George,
Noah's Flood, 4° n.p.n.d.
K = Drayton, M. (ascribed to Chapman by Ritson).
STC 7210
In fact pp. 89–207 of *The Muses Elizium*, 4° Lond.
1630.
Formerly 1077.e.3(6)
1077.e.3

367 Chapman, George,
Georgics of Hesiod, 4° Lond. 1618
STC 13249
1788 Sale lot 302, 1s. 6d.

368 Chapman, George,
Justification of Nero. Fifth Satyr of Juvenal, 4° Lond.
1629.
STC 4979
Formerly 1077.e.3(7) and 1077.e.50
C.30.e.5

369 Chapman, George,
Poems, 4° Lond. 1629
No work of this title and date exists; presumably an
error of ORC intended as a collective entry for
364–8.

370 Chartier, Alain,
Œuvres, 4° Par. 1617
1788 Sale lot 4449 Lefevre 13s. 6d.
March 1832 Sale lot 688, 4s.

371 Chenu, Joh.,
Historia Episcoporum Galliae, 4° Par. 1621
487.h.17

372 Chesne, And. du,
Historiae Francorum Scriptores 4 vols., fol. Lutetiae
1636, 41.
See 607
1805 Sale lot 411 £4 8s. 0d.

373 Chesne, And. du,
Historiae Normannorum Scriptores Antiqui, fol.
Lutetiae 1619.
1805 Sale lot 410 £1 14s. 0d.

374 Chesne, And. du,
Histoire de la Maison de Vergy, fol. Par. 1625
C.82.k.7

375 Chesne, And. du,
Histoire de la Maison de Dreux, fol. Par. 1631
C.74.h.7

376 Chesne, And. du,
H. des Ducs de Bourgogne, 4° Par. 1625
Formerly 427.c
9200.f.19

377 Chesne, And. du,
Histoire de Bourgogne, 4° Par. 1619
Formerly 427.c
9200.f.20

378 Chesne, And. du,
Histoire de la Maison de Chasteigners, fol. Par.
1634.
C.75.i.5

379 Chesne, And. du,
Histoire de la Maison de Chastillon, fol. Par. 1621
C.82.k.9

380 Chesne, And. du,
Histoire de la Maison de Montmorency, fol. Par.
1624.
Inscribed 'Aug. Vincent, Windsor'
C.82.k.8

381 Chesne, And. du,
Histoire de la Maison de Luxembourg, 8° Par. 1617
K = Vignier, Nicolas, *the Elder*
Inscribed 'Aug. Vincent, Rouge Croix'
606.b.27

382 Chesne, And. du,
*Histoire de la Maison de Guisnes, d'Ardres, Gand &
Coucy*, fol. Par. 1631.
608.l.18

383 Chesne, Jos.,
Pourtraict de la Santé, 8° Par. 1606
1039.g.5

384 *Chevalier du S. Esprit creez par Louis XIII 1619*,
fol. n.p. 1619.
No JM copy traced

385 Chevalier, Sieur de,
*Les Ombres des Defunts S. de Villemor & de
Fontaines*, 12° Par. 1610.
596.a.23

386 Chiffletius, Jo. Jac.,
Insignia Equitum Ordinis Velleris Aurei Lat. Gall.,
4° Ant. 1632.
608.i.24

387 Choppinus, Renat.,
De Privilegiis Rusticorum, 4° Par. 1575
With notes by JM; inscribed 'Gab. Snalman'
500.f.7

388 *Chronique de France*, 4° Par. n.d.
K = France, Appendix, History and Politics,
Miscellaneous.
Inscribed 'Robert Nicolson, Londinensis'
Formerly C.32.9.4(3)
C.32.g.18

389 *Chronique Scandaleuse de Louys XI*, 4° n.p. 1620
Title deleted; see 844
1788 Sale lot 2881 Chalmers 3s. 6d.

390 Chrysippus, J. Fanianus,
De Arte Metallicae Metamorphoseos, 8° Bas. 1576
K = Fanianus, Joannes Chrysippus
1034.e.6

391 Churchyard, Tho.,
Of the Wars of the Netherlands from 1565 to 1589,
4° Lond. 1602.
K = Meteren, E. van
STC 17846
1055.g.2(1)

392 Ciaconius, Alph.,
Pontificum & Cardinalium Epitaphia, 4° Tolos. 1614
K = Rome, Church of, Cardinals
With notes by JM and inscribed '1623'
487.h.16

393 Cicero, M. T.,
Morales Definitiones cum Marcelli Scholiis,
4° Claud. 1584.
525.i.14

394 Cicero, M. T.,
Officia cum Annot. P. Manutii, 8° Ven. 1564
With notes by JM
525.c.13

395 Cicero, M. T.,
Epistolae Familiares cum Scholiis Manutii, 8° Ven.
1548.
1082.c.3

396 Cicero, M. T.,
Gloria a Marcello Squarcialupo, 4° Claudiop. 1584
525.i.14

397 *Cid, Coronica del*, fol. Medin. 1552
K = Diaz de Bivar
Blue octagonal BM stamp; only copy in ORC
593.f.2

398 *Citadin de Geneve*, 8° Par. 1606
K = French Soldier
1059.a.18(1)

399 Citollini, Al.,
La Tipocosmia, 8° Ven. 1561
With MS notes, probably not by JM
571.b.1

400 Clapham, Johan.,
Narcissus, 4° Lond. 1591
STC 5349 (apparently unique)
837.h.11

401 Clay, Tho.,
Tables of Interest, 8° Lond. 1624
STC 5374
C.112.a.20

402 Clusius, Car.,
Exotica, fol. L. Bat. 1605
Marked 'D' in ORC
Part of 146
With BM sale duplicate stamp 1787 and 'Dup.
Sloane' in MS on t.p.; also '£2-12-6' in pencil on
flyleaf.
C.83.i.6

403 Clusius, Car.,
Curae posteriores, 4° Lug. B. 1611
Marked 'D' in ORC
1788 Sale lot 1202 B.White 2s. 3d.

404 Cneuffelius, Andreas,
Epistola de Podagra, 12° Amst. 1643
With notes by JM
1189.a.12(2)

405 Codinus, Georg.,
*De Officialibus Palatii & Officiis Eccles.
Constantinop.*, 8° n.p. 1596.
1053.a.18

406 Cognatus, Gilbertus,
Descriptio Burgundiae & totius Franciae, 8° Bas.
n.d.
K = Cousin, Gilbert
Formerly bound up with 1195 (title still on spine of
596.a.6).
575.e.1(2)

407 Coke, Sir Edward,
Institutes of the Laws of England 3 first parts, fol.
Lond. 1628.
K = Littleton, Sir Thomas
STC 15784
508.f.8

408 Collado, Luigi,
Artiglieria, 4° Mil. 1606
Inscribed 'William Eeles' and 'Guilielmo Iles'
534.i.7

409 Collenutius, Pand.,
Historia Neapolitana Ital., 4° Ven. 1594
1057.k.4

410 Collius, Franc.,
De Animabus Paganorum, 4° Mediol. 1622
Marked 'D' in ORC
1788 Sale lot 2661 buyer's name illegible (? Fry) 3s.

411 *Colloquio de las Damas*, 8° n.p. 1607
K = Pietro, Aretinus
Inscribed 'Thomas Wyndesor'
C.108.a.28

412 *Coloniensis Causa*, 4° Ant. 1588
Part of 311
K = Cologne Case
1054.h.5(2)

413 Columna, Fabius,
Stirpium aliquot variorum Ecphrasis, pars altera,
4° Rom. 1616.
Marked 'D' in ORC; 413 to 416 indicated as a single
tract volume.
1788 Sale lot 3201 B.White/G.Chalmers £1 4s. 0d.
(1831 Sale lot 619 2s. 6d.)

414 Columna, Fabius,
Plantarum aliquot Historia, 4° Neap. 1592
1788 Sale lot 4457 B.White/Brand 11s.

415 Columna, Fabius,
Piscium aliquot Plantarumque novarum Historia,
4° Neap. 1592.
Part of 414 above

416 Columna, Fabius,
Purpura, 4° Rom. 1616
1788 Sale lot 1197 B.White 4s. 9d.

417 Columna, Victoria,
Rime, 8° Ven. 1544
1074.e.6(3)

418 Colvill, John,
Palinod, 8° Edinb. 1600
STC 5587
523.a.3(2)

419 Commines, Phil. de,
De rebus gestis Ludovici XI & Caroli VIII, 8° Franc.
1629.
1058.b.19

420 *Conchine, Conjuration de*, 8° Par. 1618
K = Concini, Concino (by Pierre Matthieu)
Same as 424
1059.a.23(2)

421 *Conclavia Tria*, 4° Franc. 1617
K = Rome, Church of, Conclave
C.81.c.13(2)

422 *Conference entre les Deputez du Duc de Mayenne
& ceux du Roy Nav.*, 8° Troyes 1593.
K = Charles (of Lorraine) Duke de Mayenne (by H.
du Laurens).
1059.a.12(2)

423 *Conference tenu entre le Pape & le Roy d'Espagne*,
8° n.p. 1615.
K = Paul V, pope
1058.a.20(1)

424 *Conjuration de Conchine*, 8° Par. 1618
K = Concini, Concino (by Pierre Matthieu)
Same as 420
1059.a.23(2)

425 Connestaggio, Hier.,
Istoria delle Guerre di Germania parte 1ᵐᵃ, 4° Ven.
1614.
With notes by J M
591.c.3

426 Connestaggio, Hier.,
Dell'Unione de Portugallo alla Castiglia, 4° Genov.
1589.
Inscribed 'M. Patteson'; with notes by J M
1060.c.3

427 *Conspiration faicte en Picardie*, 8° n.p. 1576
596.a.10(2)

428 *Constance & Consolation és calamitez publiques*,
12° Rouen 1604.
K = Du Vair (Guillaume), Bishop of Lisieux
With mottoes in hand of JM; 'erunt vera trophaea
fides' and 'semper vir bonus est tyro'.
1019.a.14

429 Contelorius, Felix,
Elenchus Cardinalium, 4° Rom. 1641
490.b.30

430 Contelorius, Felix,
Martini Quinti Vita, 4° Rom. 1641
Part of 429
490.b.30

431 Coquille, Guy,
Histoire du pays & Duché Nivernois, 4° Par. 1612
596.f.5

432 Cordero, Juan Mart.,
Las quexas y llanto de Pompeyo, 8° Anv. 1556
Inscribed 'Capt. Hamilton'
1057.b.28(1)

433 Corio, Bernard,
Istoria di Milano, 4° Ven. 1565
Marked 'D' in ORC, probably in mistake for 434
Inscribed in hand of J M: 'Ex dono Honoratissimi viri
D. Edouardi Vice Comitis de Conway & Killulta
MDCL'.
592.b.10

434 Corio, Bernard,
Istoria di Milano, imperf. 4° Ven. n.d.
1788 Sale lot 3505, 9*d*.
1057.g.19 (Venice 1554) has the initials 'JM' in
another hand in top right-hand corner of t.p. and
notes on Corio in JM's hand tipped in at end; the
volume is perfect, and has a black octagonal BM
stamp. It would appear that JM's notes were
removed from the imperfect vol. disposed of in the
1788 sale and bound into a perfect BM copy.

435 Cormerius, Tho.,
De Rebus gestis Henrici 2 Regis Galliae, 4° Par.
1584.
Inscribed 'James Thurburne'
596.f.18(3)

436 Cornejo, Pedro,
Compendio de la Liga y Confederacion Francese,
8° Brux. 1591.
1057.b.28(2)

437 Cornejo, Pedro,
*Paris defendida por el Duc de Nemours contra H. de
Borbon*, 8° Brux. 1591.
1057.b.28(3)

438 Cornejo, Pedro,
De la Rebellion de Flandres, 8° Leon. 1577
No JM copy traced

439 Corrozet, Gilles,
Antiquitez de Paris, 8° Par. 1586
576.c.2(1)

440 Corrozet, Gilles,
Le Thresor des Histoires de France, 8° Par. 1604
576.c.2(2)

441 Cortegiano,
Il nuovo, 4° n.p.n.d.
K = Cortegiano
715.c.8(2)

442 Cortese, Isabella,
I Secreti, 8° Ven. 1588
1038.d.10

443 Cotta, Jo.,
Miscellanea, 8° Lut. n.d.
K = Gagnaeus, Joannes
1070.c.13(2)

444 Cotton, Pierre,
Refutation de sa Lettre declaratoire, 8° n.p. 1610
860.d.9(1)

445 *Cour, Traicté de la*, 8° Par. 1619
K = Traité (by E. du Refuge)
1030.c.18(1)

446 *Cour, Traicté de la*, 8° Par. 1622
K = Traité (by E. du Refuge)
1030.c.18(2)

447 *Cour, Traicté de la*, 8° Rouen 1631
1030.c.19

448 Courtenay,
*Representation du Subject qui a porte leur Maison a
se retirer hors du Royaume*, 8° n.p. 1614.
With notes by JM
1059.a.21(1)

449 Courtney, Ed.,
Oratio in Funere Elisabethae a Lotharingia,
4° Leod. 1635.
835.f.17(2)

450 *Coustumes du Pays & du Compté de Blois*,
8° Bloys 1580.
K = Blois, County of
1059.a.13

451 Crakanthorp, Ric.,
Defense of Justinian against Baronius, 4° Lond.
1616.
STC 5977
4825.c.9

452 Cromerus, Mart.,
God's Vengeance upon a murdering King, 8° Lond.
n.d.
STC 6046
721.a.6(5)

453 Cruceus, Gul.,
Historia rerum Caducens. ab Episc. gestarum,
4° Cad. 1626.
1124.k.5

454 Cunaeus, Pet.,
Exercitationum Oratoriarum Inauguratio, Elz.
4°Lug. B. 1621.
Marked 'D' in ORC
835.f.17(4)

455 Curtius, Quintus,
De Rebus gestis Alexandri Magni cum Not. Freinsh.
2 vols., 8° Arg. 1639.
584.a.9

456 Cuspianus, Joh.,
Oratio de Bello Turcico, fol. Franc. 1598
583.i.8(1)

457 Cyprianus, D. Caecil.,
Deux Traittez trad. par L. Daneau, 8° n.p. 1566
596.a.9(2)

458 Damianus a Goes,
Chronica del Rei Dom Emanuel, fol. Lisb. 1619
C.75.d.5

459 *Danse Macabre*, 4° Par. 1500
Inscribed 'Le Livre de Robert Nicholson de
Londres'; with coat-of-arms as in Franks Coll. no.
21866.
Formerly C.34.g.4(2) and C.32.g.19
IA 40884

460 Dante,
Comedia con l'espositione di L. Dolce, 12° Ven. 1555
Stamped as BM sale duplicate 1818
Inscribed 'Guglielmo Tempii'
1071.b.5

461 Dante,
Della volgar'eloquenza, 4° Vicenz. 1529
C.76.d.9(2)

462 Danti, Ant.,
Osservationi di diverse historie, 4° Ven. 1573
715.c.8(1)

463 *Debat des Heraults d'armes de France &
d'Angleterre*, 4° Par. n.d.
K = France, Appendix, History and Politics,
Miscellaneous.
Inscribed 'Roberti Nicolsonii Londinensis liber'
Formerly C.32.g.4(1)
C.32.g.4

464 Decembrius Angelus,
Politeia literaria, fol. Aug. V. 1540
631.l.6

465 *Declaration du Roys contre les Ducs de Vendosme
& c.*, 4° Haye 1617.
K = France, Louis XIII
1195.c.4(5)

466 *Defense of the Catholic Cause*, 8° n.p. 1601
K = F., T (i.e. Thomas Fitzherbert)
STC 11016 Alrog 310
No JM copy traced

467 *Defence of Nicholas Smith*, 8° Rouen 1630
K = B., A. (i.e. Matthew Wilson)
STC 1017 Alrog 894
Only JM and Farm Street copies recorded
701.a.5(3)

468 Delestre, Hugues,
Sur les occurences de ce temps, 8° Par. 1610
1058.a.19

469 Delrius, Mart. Ant.,
Syntagma Tragoediae Latinae, 4° Par. 1619
K = Rio, M.A. del
833.k.2

470 Demosthenes,
Orationes Olynth, & Philipp. Gr. Lat., 12° Aug. M.
1620.
834.a.1

471 Denores, Jason,
Sfera, 4° Pad. 1589
K = Nores, Giasone di
No JM copy traced

472 Desrues, Fr.,
Les Antiquitez de France, 12° Const. 1608
576.a.5

473 *Dialogue des choses advenues aux Lutheriens &
Huguenots*, 12° Basle 1612.
K = V., P.D.L. (i.e. N. Barnaud)
701.a.9(1)

474 Dickenson, Joan.,
Miscellanae, 4° n.p.n.d.
1070.l.5(4)

475 Dickenson, Joan.,
Speculum Tragicum, 8° Lug. Bat. 1602
1197.b.4

476 Diaz, Alph. de Montalvo,
*Glossa sobra el Fuero Real de España del
Alphonso 9*, fol. Salam. 1569.
K = Castile (Laws II, Alphonso X, *King*, called *the
Wise*, 1252–84).
501.g.1(1–2)

477 Diepholdus, Rod.,
Genealogia Historica, 4° Halae 1628
C.75.b.10(1)

478 Dinothus, R.,
De Rebus & Factis memorabilibus loci comm.,
8° Bas. 1580.
1086.a.1(1)

479 Dinothus, R.,
Sententiae Historicorum, 8° Bas. 1580
1086.a.1(2)

480 Diogenes Laertius,
De Vitis &c Philosophorum, fol. Rom. 1594
Acquired by JM in 1635
C.77.f.6

481 Dionysius Longinus,
De sublimi genere Orationis Gr. Lat. 8° Oxon. 1636
STC 16788
1089.c.5

482 Dionysius Periegetes,
Periegesis Gr. Lat. cum Eustathii Com., 8° Bas.
1556.
832.c.19

483 *Discours faict du Roy par Mathault n'agueres
venu de Paradis*, 12° n.p. 1605.
1193.c.6(2)

484 *Divortio Celeste*, 12° Ingolst. 1643
K = Roman Spouse
853.a.12

485 Dolce, Ludovico,
Diverse sorti delle gemme, 8° Ven. 1565
Inscribed by JM 'A Padua 1611'
972.e.3

486 Dolce, Ludovico,
Osservationi, 8° Ven. 1606
627.d.8

487 *Doleance faicte au Roy sur l'Impunité des
Meurtres &c.*, 8° n.p. 1564.
1059.a.5(6)

488 Donati, Ant.,
De Semplici Pietre & Pesci di Venetia, 4° Ven. 1631
C.82.b.4

489 Doni,
La Libraria, 12° Ven. 1580
1818 Sale lot 670, 1*s.*

490 Donne, John,
Ignatius's Conclave, 12° Lond. 1611
(has alternative t.p. at end)
STC 7027 Keynes 4
C.111.a.12

491 Dorislaus, Is.,
Praelium Nuportanum, 4° Lond. 1640
STC 7060
1070.1.5(3)

492 Dornavius, Casp.,
Albertus Primus Austriacus, 4° Han. 1619
Formerly 591.c.22(11)
591.c.33(3)

493 Dornavius, Casp.,
Princeps Juventutis, 4° Han. 1619
835.f.17(3)

494 Doublet, F. Jacques,
Histoire de l'Abbaye de S. Denis, 4° Par. 1625
With notes by JM
487.g.16

495 Dousa, Janus,
Poemata, 12° Lug. Bat. 1607
1213.c.6(1)

496 Drayton, Mich.,
Poly-olbion, fol. Lond. 1622
STC 7228
t.p. reproduced in A. F. Johnson, *A Catalogue of
Engraved and Etched English Title-pages*, Oxford
1934.
C.116.g.2

497 Drelincourt, Sr.,
Lettre a Mr. du Moulin avec la Response, 8° Gen.
1631.
1192.h.6(3)

498 Druraeus, Gul.,
Aluredus Tragi-Comoedia, 12° Duac. 1620
840.a.4

499 Ducci, Lorenzo,
Arte Aulica, 8° Ferr. 1601
No JM copy traced

500 Dugres, Gab.,
Life of Cardinal Richelieu, 8° Lond. 1643
Wing D2495
1192.h.6(5)

501 Dupleix, M. Scip.,
Histoire generale de France, 2 vols., fol. Par. 1631, 32
C.74.h.5

502 Dupleix, M. Scip.,
La Curiosite naturelle, 12° Rouen 1625
Blue octagonal BM stamp, reddish brown leather,
wavy blue endpapers.
445.a.2

503 Dupleix, M. Scip.,
Critique de, 4° n.p. 1636
1058.b.26(2)

504 Dupleix, M. Scip.,
Histoire de Henry 3 & 4, fol. Par. 1633
C.83.h.10

505 Eberhardus, Franc.,
Disputatio Chronologica tertia, 4° n.p. 1612
No JM copy traced

506 Ebouff., Georg.,
Res. Gall. ab edicto Pacis Mai. 1576, 8° Canthur.
1577.
596.a.13(3)

507 *Ecclesiae Angl. Reformatio sub H. 8 & Edw. 6*,
   4° Lond. 1571.
   K = England, Miscellaneous Public Documents III,
   Edward VI 1547–53.
   1788 Sale lot 4124 'put by'
   1819 Sale lot 1551 Rodd 8*s*.

508 *Ecclesiastical Protestant History*, 8° n.p. 1624
   K = Broughton, R.
   STC 3895 Alrog 157
   701.a.5(1)

509 *Edict sur les Droicts du Domaine forain*, 8° Rouen
   1599.
   1058.a.14(2)

510 Efferen, W. Fab.,
   Manuale Politicum, 12° Franc. 1630
   522.a.15

511 Egnatius, J. Bapt.,
   De Exemplis illust. Viror. Venet., 12° Par. 1554
   Inscribed 'sum Guil. Charci'
   1197.a.12

512 *Elizabethae Reginae Lusitan. Vita Angl.*,
   8° Bruss. 1628.
   K = Paludanus, F.
   STC 19167 Alrog 595 (only recorded copy)
   Inscribed 'Elizabeth Ratcliff'
   701.a.5(2)

513 *Elizabeth, Angl. Reg., Dissuasive ag^t. her
   Marriage with France*, 8° n.p. 1579.
   K = Elizabeth I, Queen of England, Appendix (i.e.
   John Stubbs, *Discoverie of a Gaping Gulf*).
   STC 23400
   Acquired by JM in 1626
   523.a.3(1)

514 *Elizabeth d'Autriche, Sacre de*, 8° Par. 1610
   1059.a.2(3)

515 Engelbertus, Adm.,
   De Ortu et Fine Romani Imperii, 8° Bas. 1553
   No JM copy traced

516 Ennius, Q.,
   Fragmenta cum Not. Columnae, 4° Neap. 1590
   C.73.b.20

517 Ennius, Q.,
   Fragmenta Annalium Merulae, Elz. 4° Lug. B. 1595
   C.81.c.15

518 *Epistre au Roy sur le Faict de la Religion*, 8° n.p.
   1564.
   1059.a.5(7)

519 Equicola, Mario,
   Introduttione al comporre in Rima, 4° Ven. 1555
   1087.c.2

520 Erasmus, Desider.,
   Epistolae, fol. Bas. 1529
   635.m.7(1)

520A Erasmus, Desider.,
   Epistolae floridae, 8° Ant. 1537
   ORC has 'stet' against deleted entry
   Name of previous owner deleted
   1083.e.2

521 Erasmus, Desider.,
   Epistolae floridae, fol. Bas. 1531
   635.m.7(2)

522 Erizzo, Sebast.,
   Sopra le Medaglie degli Antichi, 8° Ven. 1559
   602.b.6

523 Erythraeus, Jan. Nic.,
   Eudemia, 12° n.p. 1637
   Inscribed 'J. V. Rossi' (the true name of the author)
   Possibly a presentation copy; cf. Bodley AA 143 Th.
   Seld. and *Bodleian Quarterly Record* vi (1931), p.
   270.
   721.a.21

524 *Eufrosina Comedia*, 8° n.p.n.d.
   K = Eufrosina (by Jorge Ferreira de Vasconcellos)
   C.58.cc.8

525 Eugene, Theoph.,
   Reformation des Jesuites en France, 8° n.p. 1614
   860.d.9(6)

526 Eugene, Theoph.,
   Procatastasis, 8° n.p. 1614
   860.d.9(5)

527 Euripides,
   Tragoediae Gr. Lat., 8° Heid. 1597
   Marked 'D' in ORC
   1788 Sale lot 3944 G. Chalmers 3*s*.
   1818 Sale lot 556, 14*s*. 6*d*.

528 Eutropius,
   Historiae Romanae Epitome, 4° Romae 1471
   Formerly 588.i.8
   IB 17452

529 Eutropius,
   Historiae Romanae Epitome Not. Glareani, 8° Lugd.
   1594.
   t.p. now lost
   588.b.2

530 Faber, J. Bamb.,
Comment. in Imagines Illustr. ex Fulv. Ursin.
Biblioth., Plant. 4° Ant. 1606.
C.74.c.7(2)

531 Fachenetti, Lod.,
Funerale, 4° Rom. 1644
C.75.d.7

532 Facius, Barthol.,
De Bello Veneto Clodiano, 8° Lugd. 1568
Formerly 1057.b.20(2)
1057.b.36

533 Facundus,
Pro 3 Capitul. Concil. Chalcedon., 8° Par. 1629
862.c.6

534 Fagellus, Simon,
Opuscula, 8° Lips. 1536
1070.f.2

535 *Faits & Dits memorables des Seigneurs de France*,
8° n.p. 1565.
K = France, Appendix, History and Politics,
Miscellaneous.
596.a.10(1)

536 Falcone, Giuseppe,
Villa, 8° Ven. 1603
967.a.12

537 Faletus, Hieron.,
De Bello Sicambr. & alia Poemata, Ald. 8° Ven.
1557
K = Falletti, G.
1069.b.16(1)

538 Faret, Le Sieur,
L'honnete Homme, 8° Par. 1637
721.c.26

539 Farnabius, Tho.,
Index Rhetoricus, 12° Lond. 1646
Wing F454
1088.c.18

540 Fauchet, Claude,
Origines des Dignitez de France, 8° Par. 1606
795.d.3(2, 3)

541 Fauchet, Claude,
Œuvres, 4° Par. 1610
596.f.1

542 *Favourites Chronicle*, 4° n.p. 1621
K = Favourites
STC 15203
860.c.27

543 Favyn, André,
Le Theatre d'Honneur & Chevalerie, 4° Par. 1620
Inscribed 'Aug. Vincent Rouge Croix'
With notes by J M
605.f.4

544 Feline, P. Mart.,
Antichità di Roma, 8° Rom. 1610
No J M copy traced

545 Felippe, Bartolome,
Del Conseio y de los Conseieros de los Principes,
4° Turin 1589.
521.e.22

546 Felix, M. Minutius,
Octavius, 12° Oxon. 1627
K = Minutius Felix, Marcus
STC 17950
846.a.7

547 Feltham, Ow.,
Resolves, 4° Lond. 1631
STC 10759
854.f.1

548 Feron, Jean,
Les Armoiries de France, fol. Par. 1628
K = Le Feron
605.g.8(1)

549 Feron, Jean,
Le Symbole Armorial, 4° Par. 1555
K = Le Feron
605.d.18(1)

550 Feron, Jean,
Institution des Roys & Herauldz d'Armes, 4° Par.
1555.
K = Le Feron
605.d.18(2)

551 Ferrarius, Octavius,
De Re Vestiaria, 8° Patav. 1642
590.a.30

552 Ferrier, Sieur,
Le Catholique d'Estat, 8° Par. 1625
K = Du Ferrier, Jérémie
1058.a.21(1)

553 Ferro, Giovanni,
Teatro d'Imprese, fol. Ven. 1623
K = Ferro De' Rotarij, G.
635.1.27

554 Ferronus, Arnold,
De Rebus gestis Gallorum ad Contin. P. Aemylii, fol.
Bas. 1569.
See also 7 and 610
595.h.6

555 Fiamma, Gabr.,
Prediche vol. 1, 8° Ven. 1590
Blue octagonal BM stamp; only copy in ORC
846.f.20

556 Fidele, Franc.,
Vrais & bons Advis, 4° n.p.n.d.
K = Fidèle, François, pseud. (i.e. Mathieu de
Morgues).
831.b.21(2)

557 Fidelis, Fort.,
De Relationibus Medicorum, 4° Panor. 1602
1788 Sale lot 2014, 6*d.*

558 Figon, Charles,
De Offices du Gouvernement de France, 8° Par. 1580
795.d.3(1)

559 Fisenus, Bar.,
Origo Festi Corporis Christi, 8° Leod. 1629
844.d.8

560 Fitzherbert, Ant.,
L'Office des Justices de Peace, 4° Lond. 1606
STC 10982
Acquired by JM in 1643
516.c.4

561 Fizherbertus, Nic.,
Descriptio Academiae Oxoniensis, 8° Rom. 1602
Inscribed 'Johannes Mauritius Domi Authoris
Romae 1611'.
731.b.7

562 Fizherbertus, Nic.,
De Antiquitate Catholicae Religionis in Angliâ,
8° Rom. 1608.
1788 Sale lot 2195 'put by'

563 Flaminius, M. Ant.,
Paraphrasis in 30 Psalmos, 8° Ven. 1548
K = Carmina
See 567
1070.c.13(3)

564 Flaminius, M. Ant.,
Paraphrasis in 30 Psalmos, 8° Ven. 1548
K = Bible, Old Testament, Psalms
This is an error in ORC. 690.a.11 has been given a
JM spine by the BM binder, but this is Paris 1552,
and is in fact an Ed. VI book.

565 Flaminius, M. Ant.,
In Librum 12 Aristotelis, 8° Par. 1547
1070.c.13(1)

566 Flaminius, M. Ant.,
Epigrammata Lib. 2, 8° Lut. n.d.
1070.c.13(2)

567 Flaminius, M. Ant.,
Carmina Lib. 4, 8° Ven. 1548
See 563
1070.c.13(3)

568 *Fleta Seldeni*, fol. Lond. 1647
Wing F1290
509.g.2

569 *Fleur de Lys*, 12° n.p.n.d.
K with 596
1193.c.8(2)

570 Flodoardus,
Hist. Eccles. Rhem. cum Colvenerii Not., 8° Duac.
1617.
861.e.9

571 Flodoardus,
Hist. Eccles. Rhem. per Sirmond, 8° Par. 1611
C.83.b.8

572 Floriato, Mut.,
Proverbiorum trilinguum Collectanea, 4° Nap. 1639
1075.m.13

573 Florio, John,
Italian Dictionary & Grammar, fol. Lond. 1611
STC 11099
With notes by JM
627.l.4

574 Entry cancelled

575 Florus, Lucius,
Res Romanae, Elz. 12° L. Bat. 1638
No JM copy traced

576 Florus, Lucius,
Res Romanae cum Notis Veneti, Camertis &c.,
8° Gerv. 1606.
589.b.11

577 Folieta, Ubert,
*Conjuratio Lud. Flisci Tumult. Neapol. & Caedes
Lud. Farnes.*, 4° Genuae 1587.
K = Foglietta
(591.d.1 has deleted 'JM' initials in another hand in
top right-hand corner of t.p.; in fact from library of
Etienne Baluze.)
1788 Sale lot 2092, 6*d.*

578 Fonseca, Roderic.,
De tuenda Valetudine, 4° Flor. 1602
1039.i.9

579 Fonteius, J. Bapt.,
De prisca Caesiorum Gente cum App. Jacobonii, fol.
Bon. 1582.
Marked 'D' in ORC (cf. 1769 Sale lot 668, 1s. 6d.)
C.76.g.2

580 Forestus, Pet.,
Observat. & Curat. Medicinales, 8° Lug. Bat. 1590
548.e.11(2)

581 Fornarius, Mart.,
De Sacramento Ordinis, 4° Col. Agr. 1621
See also 1364
849.k.9

582 Fortunio, Fr.,
Regole Grammaticali, Ald. 8° Ven. 1541
No JM copy traced

583 Fossati,
Delle Guerre d'Italia, 4° Mil. 1640
591.e.27

584 *France, Histoire sous Francis II*, 8° n.p. 1576
1059.b.6

585 *France, Histoire des derniers Troubles sous
Henry III & IV*, 8° n.p. 1604.
Inscribed 'Ger. Bromley'
1059.b.13

586 *France, Histoire, Abregé de*, fol. Rouen 1620
595.k.16(2)

587 *France, Chroniques abregées*, 4° Par. n.d.
Inscribed 'Roberti Nicolsoni Londinensis Liber'
Formerly C.32.g.4(3)
C.32.g.18

588 *France, Receuil de Memoires servans a
l'Histoire de*, 4° n.p. 1612.
1195.c.4(2)

589 *France, Receuil de Memoires servans a l'Histoire
de*, 4° n.p. 1612.
1195.c.4(3**)

590 *France, Receuil de Memoires servans a l'Histoire
de* , 4° Par. 1623.
596.e.8

591 *France, Receuil de Memoires servans a l'Histoire
de*, 4° Par. 1626.
1197.g.2

592 *France, Guerre avec le Duc de Savoye*,
8° Grenob. 1593.
K = Henry IV, King of France
1058.a.15(1)

593 *France, Estat sous Henr. & Franc. II &
Charles IX*, 8° n.p. 1565.
K = France, Appendix, Religion (by P. de la Place)
Inscribed 'Gualteri Mildmay 1566'
1059.a.7

594 *France, Pourtraits des Rois*, 4° n.p.n.d.
K = France, Miscellaneous Subheadings, Kings
596.f.18(1)

595 *France, Recueil concernant les Estats sous
plusieurs Rois*, 8° Par. 1614.
K = France, Legislative Bodies, Etats Généraux
1614.
1059.a.14(2)

596 *France, Receuil des Discours sur l'Estat present
de la*, 12° n.p. 1606.
K = France, Appendix, History and Politics,
Miscellaneous.
1193.c.8(1)

596A *France, La maladie de*, 12° n.p.n.d. (1606)
Omitted in ORC
1193.c.8(5)

597 *France, Practises touching the State of*, 8° n.p.
1575.
STC 11287 (only BM and Lambeth copies
recorded).
721.a.6(3)

598 *France, View of*, 4° Lond. 1604
K = France, Appendix, Descriptions, etc. (by Sir R.
Dallington).
STC 6202
1055.g.2(2)

599 *France, Antiquitez & Recherches de*, 8° Par.
1609.
K = T., A.D.C. (i.e. André Duchesne, Tourangeau)
795.d.4

600 *France Nouvelle, Relation de ce que s'y est passé p.
P. Le Jeune*, 8° Par. 1635.
K = Le Jeune, Paul
1805 Sale lot 467, 1s. 6d. (with another)

601 *Francicae Historiae Corpus*, fol. Han. 1613
K = F., M. (i.e. Marquand Freher)
595.i.9

602 Franco, Nic.,
Il Petrarchista, 8° Ven. 1541
1071.f.16(1)

603 Franco, Nic.,
La Philena, 8° Mant. 1547
1074.e.13

604 Francois, René,
Essay des Merveilles de Nature, 4° Rouen 1622
835.h.6

605 *Francophile pour Henry IIII*, 8° n.p. 1591
K=M., A.
1193.c.6(1)

606 *Francophile pour Henry IIII*, 12° n.p. 1606
K=France, Appendix, History and Politics,
Miscellaneous.
1193.c.8(3)

607 *Francorum Historiae Scriptores, Duchesne*
4 vols., fol. Lutet. 1636.
See 372
1805 Sale lot 411 £4 8s. 0d.

608 Freherus, Marq.,
De Lupoduno Commentariolus, fol. n.p.n.d.
C.80.b.13(1)

609 Freherus, Marq.,
German. Rerum Scriptor. insignes 2 vols., fol. Franc.
1600, 2.
C.83.h.1

610 Freigius, Joh. Tho.,
Paralipom. ad Paul. Aemil. & Ferron adjecta, fol.
Bas. 1569.
See 7 and 554
595.h.6

611 Fridericus I. R. Bohem.,
Processus in Coronatione ejus, 4° Prag. n.d.
Inscribed 'Reverendo Dn. Doctori Benfield mittit
cum officiossissimâ Sal. Frid. Dorville. Praguâ 16
Nov. 1619'.
Formerly 591.c.22(10)
591.c.33(2)

612 Frois, Aloys,
De Rebus Japonicis Lusitan, 4° Coimbra 1590
K=Froës, Luis
With MS index by JM
C.32.d.40

613 Froissart, Joh.,
Histoire 4 vols., Sauvage fol. Lyon 1559, 1561
With MS notes by JM on flyleaf of a Cracherode
(1772) book; not in 1769 Duplicate Sale.
674.l.9

614 Frontinus, Sext. Jul.,
De Aquaeductibus, 8° n.p. 1523
Purchased by JM 1612
Inscribed 'Liber Roberti Frelove empt. 2s. 4d.'
See 1430
1043.f.10

615 Frontinus, Sext. Jul.,
Strategematica, 4° L. Bat. 1607
See 616–18 and 1403
C.78.b.7

616 Frontinus, Sext. Jul.,
De Aquaeductibus Urbis Romae, 4° L. Bat. 1607
C.78.b.7

617 Frontinus, Sext. Jul.,
De Re Agraria, 4° L. Bat. 1607
C.78.b.7

618 Frontinus, Sext. Jul.,
De Coloniis Italiae, 4° L. Bat. 1607
C.78.b.7

619 Fulgentius, Fab. Plant.,
De Prisco Sermone cum Not., 8° Sedan 1614
See 879
623.b.16

620 Fulgosus, Bapt.,
Facta & Dicta memorabilia, 8° Col. Agr. 1604
1080.h.4

621 *Fulminante pour Henry III contre Sixte V*,
12° n.p. 1606.
1193.c.8(4)

622 Furio, Fadrique,
El Concejo del Principe, 8° Anv. 1559
523.a.1(1)

622A Furio, Fadrique,
Bononia, 8° Bas. 1556
Inscribed 'Joannes Dee'; shows signs of damp; in
Dee's catalogue of his Library at Mortlake 6
September 1583 (BM MS Harl. 1879 f. 48).
Blue octagonal BM stamp, reddish brown leather
and wavy blue endpapers.
690.b.6

623 Gage, Tho.,
Survey of the West Indies, fol. Lond. 1648
Probably Britwell Sale 15 August 1916 lot
106—Huntington Duplicate Sale, Anderson
Galleries, New York, 24 January 1917 lot 144.

623A Gaillard, P. D.,
Histoire Universelle, 8° Par. 1638
581.b.2

624 Gallaeus, Phil.,
Virorum Doctorum Effigies, fol. Ant. 1572, 1587
No JM copy traced

625 *Galliae Regni Status*, Elz. 12° Lug. B. 1626
K = France, History and Politics, Miscellaneous
C.73.a.10

626 Gallus, Joh. Bapt.,
Notationes in Thuani Historiam, 4° Ingolst. 1614
With notes by JM
594.b.3(1)

627 Garcia, Carlos,
Opposition y Conjunction de los gr. Luminares,
12° Cambr. 1622.
Inscribed 'Br. Duppa'
878.b.3

628 Garnier,
Tragedies, 12° Toul. 1588
1073.d.7(2)

629 Garzoni, Tho.,
L'Hospitale de' Pazzi incurabili, 8° Ferrar. 1586
Inscribed 'J. P. Dormer'
1079.d.3

630 Gaubertin,
Histoire de France depuis l'an 1610, 12° Rouen 1618
K = Boitel, P., Sieur de Gaubertin
1193.c.9

631 Gauricus, Lucas,
Schemata Civitatum &c., 4° Ven. 1552
(718.f.19, Gauricus, Tractatus, 4° Rome 1552, has
initials 'JM' in another hand in top right-hand corner
of flyleaf, but definitely not a JM book.)
1788 Sale lot 2671, 6*d*. (bound with 83)

632 Gazaeus, Angelin.,
Pia hilaria, Plant. 8° Ant. 1629
1213.c.11

633 Geliot, Louvan.,
Indice Armorial, fol. Par. 1635
C.81.k.11

634 Gelli, Giov. Batt.,
I Capricci del Bottaio, 8° Fir. 1549
Inscribed 'D. Lucio Fiezza Italiano'
721.c.7

635 Gellius, Aulus,
Noctes Atticae, 8° Col. 1533
Inscribed 'Baldwyn Norton' and with notes in his
hand.
1089.d.8

636 *Gendarmerie, Ordonnances sur le Reglement de
la*, 8° Par. 1564
K = France, Charles IX
1059.a.5(10)

637 *Gendarmerie, Lettres du Roy pour la Publication
des Monstres de la*, 8° Par. 1564.
K = France, Charles IX
1059.a.5(11)

638 *Geneva Restituta*, 4° Gen. 1636
C.76.c.2(1)

639 *Geneve, Ordonnances de la Cité de*, 4° Gen. 1589
1061.c.1(3)

640 *Geneve, Le Citadin de*, 8° Par. 1606
K = French Soldier
No JM copy traced

641 Gerardo,
Poema Tragico, 4° Madr. 1623
K = Cespedes y Meneses
1074.i.16

642 *Germania Concordata cum S. Sede Apostolica*,
4° Col. Agr. 1597.
K = Germany, Frederick III Emperor
No JM copy traced

643 Gerson, Joh.,
Summa Theologiae, 4° Ven. 1587
K = Bernard, Saint, Abbot of Clairvaux,
Supposititious Works, Single Works, Floretus.
850.l.9

644 Gerson, Joh.,
Harengue au Nom de l'Univers. a Ch. VI, 8° Par.
1561.
1059.a.4(1)

645 Gesner, Conrad,
Vita cum Carm. in obitum ejus, 4° Tig. 1566
See note to C.73.b.12 (1290): 'Gesner taken out
being a duplicate and imperfect'.
1831 Sale lot 1696, 6*d*.

646 Gessen, Jo.,
De Imitatione Christi, 12° Par. 1616
Formerly 847.c.7
IX Lat. 283

647 Gherus, Ranutius,
Deliciae Italorum Poetarum 2 Tom., 12° n.p. 1608
Inscribed 'Ball, Exon. Coll'
1213.a.2

648 Gilbertus, Gul.,
De Magnete, 4° Sedin. 1633
With notes by JM
538.l.1

649 Gildas Sapiens,
De Excidio & Conquestu Britanniae, 8° Lond. 1525
STC 11892
(C.33.a.17 has 'JM' initials in top right-hand corner
of t.p., but not a JM book.)
1788 Sale lot 4277, 2s. 6d. (together with 653)

650 Gildas Sapiens,
De Excidio & Conquestu Britanniae, 8° Lond. 1568
STC 11894
C.76.a.12

651 Gilles, Nicolle,
Croniques & Annales de France, fol. Par. 1562
595.k.11

652 Gilles, Nicolle,
Croniques & Annales de France, fol. Par. 1573
595.k.12

653 Giraldus, Silvest.,
Itinerarium & Descriptio Cambriae, 8° Lond. 1585
STC 20109
1788 Sale lot 4277, 2s. 6d. (with 649)

654 Girard, Bernard,
De l'Estat de France, 8° Par. 1613
1059.b.4

655 Glandorpius, Joh.,
Historia Juliae Gentis, 8° Bas. 1576
606.a.24

656 Glandorpius, Matt.,
Gazophylac. polyplus. Fontic & Seton., 4° Brem.
1632.
Blue octagonal BM stamp; no other copy in ORC
783.i.3

657 Glanvilla, Ranulph. de,
De Legibus & Consuetudinibus Angliae, 8° Lond.
1604.
Inscribed 'R. Godfrey' and 'Edw. Goldynge'
STC 11906
506.a.12(1)

658 Goclenius, Rod.,
De Hominis Perfectione, 8° Marp. 1597
No JM copy traced

659 Goclenius, Rod.,
Observationes Linguae Latinae, 8° Franc. 1601
623.c.3(1–2)

660 Goclenius, Rod.,
Physiognomica & Chiromantica Specialia, 8° Marp.
1621.
719.c.6(7)

661 Goclenius, Rod.,
De Magnetica Curatione Vulnerum, 8° Franc. 1613
No JM copy traced

662 Godefroy, Theod.,
Preseance des Roys de Fr. Sur les Roys d'Esp., 4°
Par. 1613.
No JM copy.

663 Godefroy, Theod.,
Entreveues de Charles 4 & 5, 4° Par. 1613
No JM copy traced

664 Godefroy, Theod.,
Entreveues de Louys 12 & Ferd. d'Arragon, 4° Par.
1613.
No JM copy traced

665 Godwin, Tho.,
Roman Antiquities, 4° Oxon. 1633
STC 11963
Blue octagonal BM stamp; no other copy in ORC
590.b.9

666 Goldastus, Mel. Hamins.,
Sybilla Francica, 4° Ursellis 1606
K = Joan (d'Arc), Saint, Appendix
1059.e.31

667 Golnitzius, Abr.,
Itinerarium Belgico-Gallicum, Elz. 12° Lug. B. 1631
573.a.20

668 Gramigna, Vinc.,
Opuscoli varii, 4° Fir. 1621
537.c.10

669 *Grammaire Angloise & Françoise*, 8° Par. 1625
626.b.3

670 Grammaticus, Sax.,
Historia Danica, fol. Bas. 1534
Inscribed 'Jo. Ponetus Wint.' with MS notes by him
590.k.10

671 Gramondus, Gab. Bart.,
*Hist. prostratae a Lud. XIII Rebellionis
Sectariorum*, 4° Tolos. 1623.
596.f.8

672 Grapaldus, Fr. Marius,
De Partibus Aedium Dictionarius, 4° Arg. 1508
Inscribed 'Robert Baguley'
1043.h.1

673 Grazini, Ant. Franc.,
Comedie cinque, 8° Ven. 1582
With notes by JM
1071.h.25(1–5)

674 Grazini, Ant. Franc.,
Trionfi, Carri, Mascherate per Firenza, 8° Fior.
1559.
K = Lasca
1071.e.3(1)

675 Gregentius, Arch. Teph.,
Disputatio cum Judaeo Gr. L. Interpr. N. Gulonio, 8°
Par. 1586.
848.i.12

676 Gregory, John,
Notes on some Passages of Scripture, 4° Oxf. 1646
Wing G1920
No JM copy traced

677 Grillo, Angelo,
Rime, 4° Berg. 1589
639.k.3

678 Grimston, Edw.,
Counsellor of State transl. from the French, 4° Lond.
1634.
STC 1977
521.f.18

679 *Groenland, Relation du*, 8° Par. 1647
1056.b.5(2)

680 Grotius, Hugo,
Excerpta ex Comoediis & Tragediis Graecis Gr. L.,
4° Par. 1626.
1818 Sale lot 1113, 13s.
1819 Sale lot 620 Burns £4 4s. 0d. (blue morocco)

681 Grotius, Hugo,
Poemata, 8° Lug. B. 1617
1213.h.19

682 Groto, L. Cieco,
La Calisto, 12° Ven. 1599
Inscribed 'Amb. Randolph'
1070.a.16(2)

683 Groto, L. Cieco,
La Emilia, 8° Ven. 1579
1071.i.10(1)

684 Gruterus, Janus,
Discursus varii in Tacitum, 4° n.p. 1604
C.75.b.26

685 Gualdus, Paulus,
Vita Joh. Vinc. Pinelli, 4° Aug. V. 1607
613.k.6(3*)

686 Guarini, Battista,
Il Pastor Fido, 4° Ven. 1590
See also 889
1073.h.26

687 Guarini, Battista,
Lettere, 4° Ven. 1594
Marked 'D' in ORC
Old Royal Library copy sold in 1769 Sale lot 603,
1s. 6d.
Copy now in BM identified solely on evidence of
initials 'JM' stamped on spine, blue octagonal BM
stamp and 'Charles II' binding.
C.77.b.9

688 Guazzo, Stefano,
Della civil Conversatione, 8° Ven. 1621
721.c.12

689 Guazzo, Stefano,
Dialoghi piacevoli, 8° Ven. 1604
721.c.10

690 Guazzo, Stefano,
Lettere, 8° Ven. 1603
1084.c.17

691 *Guerre Cardinale*, 8° n.p. 1565
K = Charles (de Guise), Cardinal de Lorraine,
Archbishop and Duke of Rheims.
596.a.9(1)

692 Guesle, Jacques,
Remonstrances, 4° Par. 1610
1195.c.4(1)

693 Gulielmus, Langr. Hess.,
Response au Sieur de Villequier, 8° n.p. 1576
K = William IV, Landgrave of Hesse Cassel
1193.c.4(4)

694 Guyard, Bernard,
La Vie de St. Vincent Ferrier, 8° Par. 1634
862.g.15(1)

695 *Guyse, Des Conjurations de la Maison de*, 8° n.p.
1565.
K = Guise, House of
1059.a.5(16)

696 Guyse, Duc de,
Requeste presentée au Roy & a la Royne, 4° n.p.
1562.
K = Francis (de Lorraine), Duke de Guise
1058.h.13(8)

697 *Guysianicae Legationis ad Pontif. Max. Summa*,
8° n.p.n.d.
K = Henry I (de Lorraine), Duke de Guise
1193.c.4(6)

698 *Guysianicae Legationis ad Pontif. Max. Summa*,
8° n.p. 1577.
K = Henry I (de Lorraine), Duke de Guise
596.a.13(4)

699 H., W.,
Observations on History, 8° Lond. 1641
Wing H166
C.122.a.13(3)

700 Haestens, Henr.,
Siege d'Ostende, 4° Leyd. 1615
Inscribed 'William Bowyer'
1055.h.19

701 Hamelmannus, Herm.,
De quatuor Novissimis, 4° n.p.n.d.
478.a.8(1)

702 Hamelmannus, Herm.,
De Vetustis Familiis in Inferiori Saxonia, 4° Lips.
1592.
478.a.8(2)

703 Hammen y Leon, L. van der,
Don Juan de Austria, 4° Madr. 1627
K = van der Hammen y Leon, L.
See 764
1200.c.17

704 Hanmer, Meredith,
History of Ireland, fol. Dubl. 1633
STC 25067A
1788 Sale lot 3299 Chalmers 4s.
March 1832 Sale lot 1286, £1 2s. 0d.

705 Harodono, R. Benj. d',
Precetti per le Donne Hebree, 4° Pad. 1625
K = Slonik, B.A.
With extensive annotations by JM
715.c.8(3)

706 Harveius, Gabr.,
Gratulationes Valdinenses, 4° Lond. 1578
STC 12901
No JM copy traced

707 Hayus, Jo. Dalg.,
De Rebus Japonicis, 8° Ant. 1605
1805 Sale lot 304 Dalrymple 3s.
Lenox Collection, New York Public Library
K B*1605

708 Hegatus, Guilielm.,
Amnestia, 8° Burd. 1616
1059.a.19(3)

709 Heinsius, Dan.,
Poemata, 8° L. Bat. 1617
1213.h.15

710 Heinsius, Dan.,
De Satyra Horatiana, Elz. 8° L. Bat. 1612
Inscribed 'H. Jacob'
See 734
1068.f.4

711 Hennequin, Jean.,
Le guidon des Financiers, 8° Par. 1585
877.b.4

712 Henricus 3 Gall. R.,
Choses memorables durant le Regne de, 8° n.p. 1621
610.c.20

713 Henricus 4 Gall. R.,
Vita per Sossium, 8° Par. 1622
K = Sossius, Gulielmus
610.c.23(1)

714 Henricus 4 Gall. R.,
Vita Gall., 12° Par. 1609
1193.c.6(5)

715 Henricus 4 Gall. R.,
Histoire du Regne de, 8° Par. 1609
610.c.22(1-2)

716 Henricus 4 Gall. R.,
Larmes du Soldat Francois sur le Trepas, 8° Par.
1610.
610.c.22(3)

717 Henricus 4 Gall. R.,
Recueil des Edicts &c. pour la Reunion de ses Sujets,
8° n.p. 1604.
Inscribed 'Ger. Bromley'
1059.b.13

718 Henricus 4 Gall. R,
Order of Ceremonies in the Coronation of, 4° Lond.
n.d.
STC 13138
1195.c.3(1)

719 Henricus 4 Gall. R.,
Sighes of France for the Death of, 4° Lond. 1610.
STC 13140 (only BM, Huntington and Folger
copies recorded)
1195.c.3(2)

720 Hernandez,
Historia Plant. Animal &c. Mexican., fol. Rom. 1651
K = Hernandez, Francisco, physician
No JM copy traced

721 Herodianus,
Historia Gr. Lat. Ang. Polit., Steph. 4° Par. 1581
No JM copy traced

722 Heroldus, Bas. Joh.,
Tabulae Chronologicae, fol. Bas. 1562
Formerly 589.1.6(2)
t.p. now missing
589.1.17

723 Hesiodus,
Opera Gr. Lat. cum Notis Heinsii, 8° Lug. B. 1613
Inscribed 'Liber Thom. Otes pret. 2*s*. 6*d*.'
997.b.13

724 Hesychius Milesius,
Opuscula Gr. Lat. cum Notis Meursii, 8° Lug. B.
1613.
609.c.23

725 Hexham, Henry,
Journal, 4° Delph. 1633
STC 13263
C.115.f.2

726 Heyden, Sebald,
Puerilium Colloquiorum, 8° Ant. 1576
See 1462
624.a.32

727 Hierocles,
Comm. in Pythagorae aurea Carmina Gr. Lat.,
12° Par. 1583.
K = Pythagoras
720.b.1(1)

728 Hierusalem,
Droicts pretendus au Royaume de, 4° Par. 1586
K = Lusignano, S. de
606.c.22(2)

729 Hildebrandt, And.,
Genealogies of the Kings of Sweden, 4° Lond. 1632
STC 13458
796.g.12(3)

730 Homerus,
Opera Gr. Lat. cum Scholiis Gifanii 2 vols., 8° Arg.
n.d.
Inscribed on vol. II: 'Frances Wiat, vivit post funera
virtus'.
With notes by JM
1067.g.3–4

731 Homerus,
Ilias Gall. XII premiers Livres par Salel, 8° Par.
1555.
Inscribed 'Arthur Hall emit ijs. 1556'
Blue octagonal BM stamp; no other copy in ORC
C.56.c.4(1–2)

732 Hondius,
Descriptio Italiae hodiernae, 4° Amst. 1626
1486.gg.23

733 Horatius, Q. Flac.,
Opera cum Not. Bond., 8° Lond. 1606
STC 13790A
1002.c.10

734 Horatius, Q. Flac.,
Opera cum Not. Heinsii, Elz. 8° L. Bat. 1612
Inscribed 'H. Jacob'
See 710
1068.f.4

735 Horne, Andr.,
Miroir des Justices, 8° Lond. 1642
Wing H2790
1818 Sale lot 1221, 1*s*. 6*d*.

736 Hornius, Georg.,
Res Britannicae, 8° L. Bat. 1648
1788 Sale lot 1889 'put by'
1831 Sale lot 853, 1*s*. 6*d*. (with others)

737 *Hortus Blesensis*, fol. Par. 1653
K = Blois, Hortus Regius
442.h.12(2)

738 *Hortus Farnesianus*, fol. Rom. 1625
K = Aldinus, Tobias
Bought by JM from Robert Martin, bookseller, for 6
sol. 8 denarii (Bekkers, *Correspondence of JM*,
p. 30).
442.h.12(1)

739 Hosius, Stanisl.,
Confutatio Prolegom. Brentii, 8° Par. 1560
K = Hozyusz
Presumably an error; ORC only calls for one copy
and this (1009.a.12) is Arundel/Lumley.

740 Huarte, Juan,
Examen de ingenios para Las Sciencias, 8° Leyd.
1591.
528.e.28

741 Hulsbusch, Joh.,
Sylva Sermonum Jucundissimorum, 8° Bas. 1568
1080.f.23(1)

742 Hurault, Phil.,
Genealogie de la Maison des, 8° Par. 1636
606.c.22(3)

743 Hyginus, C. Jul.,
De Castramentatione, 4° L. Bat. 1607
See 615–18 and 1403
C.78.b.7

744 Jackson, John,
Book of Conscience, 12° Lond. 1642
Wing J76
856.a.10

745 Jacobus I Angl. Rex,
Βασιλικον Δωρον, 8° Lond. 1603
STC 14351
Inscribed 'John Morris pretium 14ᵈ'
523.a.3(3)

746 Janszoon, Guill.,
Le Flambeau de la Navigation, 4° Amst. 1620
K = Blaeu, W.
Blue octagonal BM stamp; only copy in ORC
Maps C.8.a.2

747 *Janua Linguarum Lat. Angl.*, 4° Lond. 1621
K = Janua
Inscribed 'This book my father did me give,
And I will keep it as long as I live.
Whose book it is if you would know
In writing plain I will you show.
George Morris his booke. Anno Dom.
1645'
With extensive MS annotations
STC 14468
625.b.8

748 Japonica,
Relacion des Alteraciones de los Annos 1587–8,
4° Coimbr. 1590.
K = Froes, L.
With MS index by JM
C.32.d.40

749 Japonia,
Cartas de la Compania de Jesus vide Jesu, 4° Alcal.
1575.
See 757
K = Jesuits
Inscribed 'Steven Roo . . . y Oxon. 1590 in
memoriam' and 'Poynes'.
C.73.b.9

749A Idatius, Lewis,
Chronicon & Fasti Consulares, 8° Lutet. 1619
Entry heavily deleted in ORC
1769 Sale lot 198
Formerly St John's College, Cambridge
Folger Shakespeare Library, Washington, DC

750 Jean d'Angleterre,
Tragedie par Mʳ de la Calprenede, 12° Par. 1638
K = Costes, G.
1073.a.27

751 Jesu Societatis,
Regulae, 8° Lugd. 1606
K = Jesuits
860.c.10(2)

752 Jesu Societatis,
Apologia ad Henricum IV, 8° Ing. 1599
K = France, Religious Orders, Jesuits
860.c.10(1)

753 Jesu Societatis,
Tres-humble Remonstrance & Requeste, 8° n.p.
1603.
K = France, Religious Orders, Jesuits
860.b.12(2)

754 Jesu Societatis,
Sedis Apostolicae Censura, 4° n.p. 1636
See 1392
K = Vargas, A.
860.k.19(4)

755 Jesu Societatis,
Sparing Discovery of those in England, 4° n.p. 1601
K = W., W.
STC 25126 Alrog 64
Inscribed 'William Walter'
Formerly $\frac{1010f.}{4}$ and 860.c.7(1)
860.c.7

756 Jesu Societatis,
Letter from Paris to the Revᵈ Fathers in England,
4° n.p. 1611.
K = G., F.
STC 18999 Alrog 590
860.c.26

757 Jesu Societatis,
Carta de la Compania in Japan, 4° Alcal. 1575
See 749
K = Jesuits
Inscribed 'Steven Roo . . . y Oxon. 1590 in
memoriam' and 'Poynes'.
C.73.b.9

758 Jesu Societatis,
Apologia pro eadem ex Bohemiae Regno proscripta,
4° Vien. 1619.
K = Bohemia, Miscellaneous Institutions, etc., Jesuits
860.k.16(4)

759 Illescas, Gonçalo,
Historia Pontifical 2 vols., fol. Burg. 1578
C.81.f.3

760 *Imperii et Religionis Conjunctio*, 8° n.p.n.d.
K = Blackwood, Adam
Imperfect, all before sig. aⁱᵛ missing; blue octagonal
BM stamp, reddish brown binding; no other copy in
ORC.
522.a.7

761 *Imperii Translatio ad Germanos*, 4° Franc. 1612.
K = Flacius, M., *Illyricus*
1054.h.8

762 Innocentius III,
Epistola Decretalis, 4° n.p.n.d.
Part of gift from Brian Duppa; see 763 and 1111
K = Rome, Church of, Innocent III Pope
692.e.5(2)

763 Innocentius III,
Epistola Decretalis Gall., 4° n.p.n.d.
See 762
692.e.5(2)

764 Johannes D'Austr.,
Historia, 4° Madr. 1627
K = Van der Hammen y Leon, L.
See 703
1200.c.17

765 Johannes D'Austr.,
Cronica, 8° Barcel. 1572
K = Costiol, H. de
No JM copy traced

766 Johnson, Thom.,
Mercurius Botanicus, 8° Lond. 1634
STC 14704
1788 Sale lot 2157 Tomkins 4*s.* 6*d.*

767 Johnson, Thom.,
Mercurii Botanici pars altera, 8° Lond. 1641
Inscribed by JM as 'ex dono authoris'; marked as
duplicate by 'WB' (i.e. William Beloe).
Not in Wing; part III of STC 14704
968.e.9

768 Johnson, Thom.,
Thermae Bathonicae, 8° Lond. 1634
STC 14704
No JM copy traced

769 Johnson, Thom.,
Iter Cantianum, 4° n.p.n.d.
STC 14703
No JM copy traced

770 Jolius, Jac.,
Puellae Aurelianensis Causa, 8° Par. 1609
1059.a.19(1)

771 Jolius, Jac.,
Varia Poemata, 8° Par. 1608
1059.a.19(2)

772 Jonstonius, Arturus,
Paraphrasis Cantici Salomonis, 8° Lond. 1633
See 773

773 Jonstonius, Arturus,
Parerga, 8° Aberd. 1632
STC 14714
1788 Sale lot 254 and lot 503 'put by'

774 Jonstonius, Arturus,
Musae Aulicae, 8° Lond. 1635
Marked 'D' in ORC
STC 14712
See 773

775 Jonstonius, Arturus,
Epigrammata, 8° Aberd. 1632
STC 14710
See 773

776 Jossius, Nicander,
De Voluptate, Dolore, Riso, Fletu &c., 8° Franc.
1603.
1788 Sale lot 2555, 6*d.*

777 Jovius, Paulus,
Vite dei dodeci Visconti di Milano Lat., Steph.
4° Par. 1549.
K = Giovio, P.
C.97.c.5

778 Jovius, Paulus,
Dialogo delle Imprese militari & amorose, 8° Mil.
1559.
K = Giovio, P.
C.77.a.16

778A Joynville, J.S.ʳ de,
Histoire de Louis IX, 12° Par. 1609
Acquired by JM in 1609
610.a.19

779 Iscanus, Jos.,
De Bello Trojano cum Not. Dresemii, 4° Franc.
1620.
K = Josephus, Exoniensis
837.g.14(2)

780 Iscanus, Theoph.,
Philadelphus vapulans, 4° Lond. 1641
Wing D2550
700.e.17(2)

781 Isnardus, Jac.,
Arcis Sammartinianae Obsidio & Fuga Angl. a Rea,
4° Par. 1629.
596.f.9

782 Isnardus, Jac.,
Transitus Henricae Borboniae in Angliam, 4° Par.
1625.
837.g.14(3)

783 Julianus Imperat.,
Opera Gr. L. cum Notis, 4° Par. 1630
K = Julian, the Apostate
C.76.c.17

784 Justinianus, Fabianus,
Index Universalis Alphabeticus, fol. Rom. 1612
C.76.e.3

785 Justinianus, Fabianus,
Elenchus Auctorum qui in S. Biblia scripserunt, fol.
Rom. 1612.
Part of 784
C.76.e.3

786 Justinus,
*M. J. Hist., Epitome Hist. cum Not. Strigelii &
Cangiseri*, 8° Arg. 1613.
K = Trogus Pompeius
802.b.4

787 Juvenalis,
Dec. Jun., Satyrae cum Not. B. Autumni, 8° Par.
1607.
See 1062
Inscription 'sum Ben Jonsonii Liber' has been deleted
1001.f.2(1)

788 Juvenalis,
Dec. Jun., Satyrae cum Not. Farnabii, 8° Lond.
1612.
See 1063
STC 14889
1068.i.16(1)

789 Kinaston, Franc.,
Troilus & Creseida Lat. Angl., 4° Oxon. 1635
K = Kynaston, F.
STC 5097
With MS Greek verses by Bathsua Makin
1162.f.1.

790 Laet, Joh. de,
De Gemmis & Lapidibus, 8° L. Bat. 1647
K = Boodt, A.
See 1352
Inscribed by JM 'ex dono Auctoris' (i.e. de Laet)
970.i.2

791 Laffemas, Isaac de,
L'Histoire du Commerce de France, 8° Par. 1606
527.a.33

792 Lambarde, Will.,
Perambulation of Kent, 4° Lond. 1596
STC 15176
C.32.e.34

793 Lancellotus Secund.,
Farfalloni degli Antichi Historici, 8° Ven. 1636
799.c.15

794 Lanfranco, Card.,
Lettere, 4° Ven. 1633
K = Margotti, Lanfranco, Cardinal
1085.m.18

795 Languetus, Hub.,
Epistolae Politicae & Historicae, 12° Franc. 1633
With notes by JM
1084.a.12

796 Lansius, Tho.,
*Amicitiae Monumentum Mat. Hafenriffero
Consecratum*, 4° Tub. 1620.
835.f.17(1)

797 Laura, M.,
Sonetti in Risposta di M. Fr. Petrarcha, 8° Ven.
1552.
1071.f.16(2)

798 Laurentius, And.,
De mirâ Strumarum Curatione, 8° Par. 1609
K = Du Laurens
No JM copy traced

799 Laurentius, Joseph,
Opuscula Philologica, 4° n.p. 1630
Marked 'D' in ORC
836.f.34

800 *Law, The Use of*, 4° Lond. 1629
K = D., I. (i.e. Sir John Doddridge)
STC 6983
See 801
884.h.32

801 *Lawyer's Light*, 4° Lond. 1629
K = D., I. (i.e. Sir John Doddridge)
STC 6983
See 800
884.h.32

802 Lazare, St.,
Remarques d'Histoire, 8° Par. 1632
K = Malingre, Claude, Sieur de Saint Lazare
582.b.23

803 Lazius, Wolfgang,
De Migrationibus Gentium, fol. Bas. 1572
With MS notes on vocabularies, etc., not in hand of
JM (? in hand of de Laet).
582.l.13

804 Ledesma, Alonso de,
Doctrine Chrestienne trad. in Lang. Canad. Par Brebœuf, 4° n.p.n.d.
K = Champlain, S. de
See 361
C.32.h.10

805 Leight, Val.,
Of Surveying, 4° Lond. 1592
STC 15419
967.k.16(1)

806 Leius, Matt.,
Certamen Elegiacum 9 Musarum, 4° Lond. 1600
STC 15437 (only copy recorded)
1070.1.5(1)

807 Leius, Matt.,
De triumphatâ Barbarie, 4° n.p. 1621
STC 15438 (BM, Cambridge and Folger copies recorded).
1070.1.5(2)

808 Leone, Medic. Heb.,
Dialoghi di Amore, 8° Ven. 1572
K = Abravanel, J.
1070.i.4

809 Leorinus, El. Reusn.,
Quaestionum Historicarum Enucleata, 4° Jenae 1609.
K = Reusnerus, Elias, Leorinus
No JM copy traced

810 *Leostenianum Stemma*, 4° Franc. 1624
K = Loewenstein Family
C.74.c.8(2)

811 Lery, Jean de,
Voyage au Bresil, 8° Roch. 1578
576.c.29

812 Lery, Jean de,
Histoire de la Ville de Sancerre, 8° n.p. 1574
576.c.21

813 Lescarbot, Marc.,
Histoire de la nouvelle France, 8° Par. 1609
1061.a.16(1)

814 Lescarbot, Marc.,
Tableau de la Suisse, 4° Par. 1618
1061.c.1(4)

815 *Lesina e contra Lesina*, 8° Ven. 1603
1081.g.12(1–3)

816 *Lettre au Roy par un Gentil-homme Francois*, 12° n.p. 1606.
K = France, Appendix, History and Politics, Miscellaneous, s.v. Le Recueil 1606 (see 596).
1193.c.8(6)

817 *Lettre addressee de Rome a la Roine Mere du Roy*, 8° n.p.n.d.
K = Bruccio, M.
Inscribed: 'Live, love and learne Robert Bele'
1059.a.5(1)

818 *Lettre d'un Cardinal à la Royne de Navarre avec la Response*, 8° n.p. 1563.
K = Armagnac, G. d'
1059.a.5(3*)

819 *Lettres Patentes pour l'Entretenement de l'Edict de Pacification*, 8° Par. 1564.
1059.a.5(5)

820 *Lettres Patentes pour l'Entretenement de l'Edict de Pacification*, 8° Par. 1564.
1059.a.5(8)

821 Leunclavius, Joh.,
Historia Mussulmanica Turcorum, 4° Franc. 1588
Marked 'D' in ORC
1788 Sale lot 2080, 6d.

822 *Leyes d'España* 2 vols., fol. Alcal. 1581
C.78.f.2, 3

823 *Leyes d'España*, fol. Madr. 1610
C.80.d.1(1–6)

824 Liburnio, Nic.,
Le Occorenze Humane, 8° Ven. 1546
With notes by JM
721.b.6

825 Licetus, Fort.,
De Spontaneo Viventium Ortu, fol. Vicet. 1618
C.81.h.9

826 *Ligue, Singeries de la*, 8° n.p. 1596
596.a.9(9)

827 Lipsius, Justus,
Monita & Exempla Politica, Plant. 4° Ant. 1605
Marked 'D' in ORC
Name of previous owner deleted
522.k.5

828 Lipsius, Justus,
Epistolae, 8° n.p. 1611
1084.h.8

829 Livius, Titus,
Opera Gruteri, 8° Franc. 1609
587.c.5

830 Locre, Ferry de,
Discours de la Noblesse, 8° Arras 1605
596.a.10(3)

831 Loisel, Antoine,
Memoires de Beauvais, 4° Par. 1617
C.77.b.3

832 Lombardelli, Oraz.,
I Fonti Toscani, 8° Fior. 1598
627.d.17(2)

833 Longolius, Christ.,
Orationes & Epistolae, 8° Par. 1533
With notes by JM on end flyleaf
832.b.1

834 Longus, Georg.,
De Annulis Signatoriis Antiquorum, 8° Med. 1615
Marked 'D' in ORC (cf. 1769 Sale lot 205)
604.a.17(5)

835 Lopez, Alonso Haro,
— *Nobiliario Genealogico de España* 2 vols., fol. Madr.
1622.
K = Lopez de Haro, Alonso
C.80.c.8

836 Lopez, Greg. Mader.,
Excellencias de la Monarchia de España, fol. Vall.
1597.
K = Lopez Madera, Gregorio
C.75.d.2

837 Losa, Franc.,
The Life of Gregory Lopez, 12° Par. 1638
STC 16828 Alrog 471
1121.b.16

838 Lotichius, J. P. and Chr.,
Poemata, 8° Franc. 1620
1213.i.17

839 Lucanus, M. Ann.,
Pharsalia cum Comm. Farnabii, 8° Lond. 1618
STC 16883
1001.a.5

840 Lucianus,
Opera Gr. Lat. 2 vols, 8° Salm. 1619
720.c.1

841 Lucilius, C. Suess.,
Satyrae cum Comm. Dousae, 4° L. Bat. 1597
1000.g.16(1)

842 Lucius, Lud.,
Epitome Doctrinae Physicae, 8° Bas. 1597
Formerly 1135.d.3(2)
Blue octagonal BM stamp; only copy in ORC
1135.d.30

843 Lucretius, T. Carus,
De Rerum Natura cum Gifanii Collectan., 8° L. Bat.
1595.
With notes by JM
999.a.14

844 Ludovicus XI R. Gall.,
Chronique Scandaleuse de, 4° n.p. 1620
See 389
1788 Sale lot 2881 G. Chalmers 3s. 6d.

845 Ludovicus XIII,
Guerres jusqu'a l'an 1623, 8° Rouen 1623
K = B., P. (i.e. Pierre Boitel)
1058.b.24

846 Ludovicus XIII,
Sa Declaration contre divers Pairs, 4° Haye 1617
1195.c.4(5)

847 Ludovicus XIII,
Itinerar. ab Oceano Neustrico ad Montes Pyrenaeos,
8° Par. 1621.
K = Boutrays, Raoul
1193.h.3

848 Ludovicus XIII,
Le Coup d'Estat de, 8° Par. 1631
1192.h.6(4)

849 Lurbe, Gabr.,
Chronique Bourdeloise, 4° Bourd. 1594
1058.b.26(1)

850 Lurbe, Gabr.,
Statuts de Bourdeaus, 4° Bourd. 1612
K = Bordeaux
707.b.15

851 Lusignano, Stef.,
Description de Cypre, 4° Par. 1580
1788 Sale lot 2621, 8s.

852 Lusignano, Stef.,
Les Genealogies de 67 Maisons, 4° Par. 1587
606.c.22(1)

853 Lusignano, Stef.,
Corone, 4° Pad. 1577
521.e.14

854 Lusinga, Renat. de,
Beginning, Continuation & Decay of Estates,
4° Lond. 1606.
K = Lucinge, R. de
STC 16897
967.k.16(2)

855 *Lusitania Vindicata*, 12° n.p.n.d.
K = Lusitanus
1198.a.7

856 Luyne, M. de,
Recueil des Pieces curieuses touchant lui, 8° n.p.
1615.
K = Albert, Charles d', Duke de Luynes
1059.b.15

857 *Lycophron, Alexandra Gr. Lat.*, Steph. 4° Par.
1601.
Marked 'D' in ORC
1769 Sale lot 439, 1s.
1788 Sale lot 4398, 6d.

858 Lyndesay, Dr,
Proceedings in the Assembly at Perth, 4° Lond. 1621
K = Lindsay, David, Bishop of Brechin
STC 15657
490.b.32

859 Lysias,
Orationes Gr. Lat. a Jod. Vander-heidio, 8° Hanov.
1615.
1818 Sale lot 1543
1819 Sale lot 996, 1s.

860 Macer, Joan.,
De prosperis Gallorum successibus, 8° Par. 1555
1058.a.3(2)

861 Magirus, Jo. Med.,
Physiologia Peripatetica, 8° n.p. 1611
With notes by JM
1135.b.8

862 Maigretius, Gr.,
Vita Joannis Sahaguntini, 8° Ant. 1625
Inscribed 'for Mr. Morice'
847.h.16(2)

863 Maillart, Andr.,
Apologie, 12° n.p. 1588
K = France, Appendix, History and Politics,
Miscellaneous, Le Recueil 1606.
See 596
1193.c.8(2)

864 Malavolti, Orlando,
Historia de' Sanesi, 4° Ven. 1599
Marked 'D' in ORC (cf. 1769 Sale lot 864)
592.c.21

865 Maldonado, Alons.,
Preguntas y Respuestas de la Doctrina Christ.,
12° Madr. 1632.
1016.b.16(2)

866 Malestroit, S. de,
Paradoxes avec la Response de Jean Bodin, 8° Par.
1578.
Inscribed 'Mr. J. Humfreys booke'
1058.a.14(1)

867 Malingre, Cl.,
Histoire de plusieurs grands Capitaines &c., 8°
Arras 1617.
1059.a.21(2)

868 Malvezzi, Lod.,
I Delirii della Solitudine, 4° Bol. 1634
C.80.a.15

869 Malvezzi, Virgilio,
Il Davide persequitato, 12° Ven. 1634
845.a.5

870 Maniaco, L. de,
Historia del suo tempo, 4° Berg. 1597
Inscribed on final leaf: 'examinatur per J.O.'
582.h.2

871 Manoel de Portug.,
Obras, 8° Lisb. 1605
Rebound in 1964 as an 'M' book
1072.a.23

872 Mantegazza, Ste.,
Viaggio di Gierusalemme, 4° Mil. 1616
1046.h.6

873 Manutius, Aldus,
Excerpta ex Theocrito &c. Gr., fol. Ven. 1495
Has BM Duplicate Stamp 1804 with MS note 'This
copy on due examination is found not to be a
duplicate. William Beloe'.
IB 24406

874 Manzini, Gio. Batt.,
Furori della Gioventù Essercilii Rhetorici, 4° Ven.
1629.
Formerly 835.f.18(3)
835.e.31

875 Manzini, Gio. Batt.,
Della Peripetia di Fortuna, 4° n.p.n.d.
With black octagonal BM stamp but JM inscription
on t.p.
525.e.48(2)

876 Manzini, Gio. B.,
Il Servire negato al Savio, 12° Macer. 1634
882.a.7

877 Marcellinus, Amm.,
Roman. Imp. Hist. cum Not. Lindenbrogii, 4° Ham.
1609.
587.f.11

878 Marcellus, Nonius,
De Proprietate Sermonum, Plant. 8° Ant. 1565
K = Nonius Marcellus
623.b.5(2)

879 Marcellus, Nonius,
De Proprietate Sermonum cum Not., 8° Sed. 1614
K = Nonius Marcellus
See 619
623.b.16

880 March, Ausias,
Obras, 8° Mad. 1579
Inscribed 'Thomas Monck'
1072.c.2

881 Marchands,
Advis de ceux d'Anvers a ceux de Paris & Lyon,
4° n.p. 1632.
K = Antwerp
831.b.21(5)

882 Margeret, Cap.,
Etat de l'Empire de Russie, 8° Par. 1607
1056.b.5(1)

883 Marguerite, R. Nav.,
Memoires, 8° Par. 1629
K = Margaret (de Valois), Queen Consort of Henry
IV, King of France.
1088.c.36(2)

884 Marguerite, R. Nav.,
Marguerites de, 8° Lyon 1547
K = Margaret (d'Angoulême), Queen Consort of
Henry II, King of Navarre.
Inscribed 'Richard Fornor's book'
C.40.c.73

885 Maria, Med. R. Fr.,
Lettre au Roy, 4° Brux. 1631
K = Mary (de' Medici), Queen Consort of Henry IV,
King of France.
831.b.21(7)

886 Maria, Med. R. Fr.,
Lettre a Messieurs du Parlement, 4° Brux. 1632
K = Mary (de' Medici), Queen Consort of Henry IV,
King of France.
831.b.21(8)

887 Maria, Med. R. Fr.,
Lettre a Sa Sainteté &c., 4° n.p. 1636
K = Mary (de' Medici), Queen Consort of Henry IV,
King of France.
1195.c.4(6)

888 Maria, Virg. Deip.,
Histoire de son Image de Boulongne, 8° Par. 1634
K = Alphonse, de Montfort, Capucin
862.g.15(2)

889 Marino, C. G. Batt.,
Il Pastor fido, 4° Ven. 1590
An error of attribution in ORC; see Guarini 686
1073.h.26

890 Marino, C. G. Batt.,
Rime amorose lugubri &c., 16° Ven. 1612
1063.a.20

891 Marogna, Nic.,
*Comm. ne' Trattati di Dioscoride & di Plinio
dell'Amomo*, 4° Ven. 1617.
K = Dioscorides, Pediacus
Presented to JM by Giovanni Pona (see 1119)
724.e.20(2)

892 Marot, Clement,
Œuvres, 8° Lyon 1545
Inscribed in JM's hand 'Jean Maurice par le don de
Robt. Randolph fils de mesieur Thomas'; and in
another hand 'Tho. Randolphi pro Tho. filio'.
Binding stamped 'Rene Veron'
C.69.d.23

893 Marot, Clement,
Œuvres, 12° Rouen 1607
1073.e.8

894 Marquez, J.,
El Governador Christiano, fol. Madr. 1640
476.e.11

895 Marsicanus, Leo.,
Chronicon Casinense, fol. Par. 1602
See 2 and 16
595.k.14

896 Martialis, M. Val.,
Epigrammata cum Notis Farnabii, 8° Lond. 1615
STC 17492
1068.l.3

897 Martin, Corneille,
Genealogies des Comtes de Flandres, fol. Anv. n.d.
C.75.d.8(1)

898 Martinus, Polonus,
Chronicon, fol. Col. Ag. 1616
K = Martinus (Strepus), Archbishop of Gnesen
C.80.b.14

899 Martinus, Episc. Dum.,
Formula honestae Vitae, 8° Bas. 1545
K = Martin, St, Bishop of Dumio
No JM copy traced

900 Martio, Fr.,
Historie Tiburtine part 1, 8° Tiv. 1646
No JM copy traced

901 Martyr, P. Florent.,
De Eucharistiâ, 4° Tig. 1563
See 1290
Inscribed 'Johannes Randle'
C.73.b.12(1)

902 Martyr, P. Florent.,
Carmina Doctorum in ejus Obitum, 4° Tig. 1563
Part of 901 above
C.73.b.12(1)

903 Marzari, Giac.,
Historia di Vicenza, 4° Vic. 1604
795.g.9(1)

904 Mascardi, Aug.,
Prose volgari, 4° Ven. 1630
C.77.c.19

905 Mascardi, Aug.,
La Congiura del Conte G. Luigi de' Fieschi, 4° Ven. 1629.
592.b.5(5)

906 Massonius, Papirius,
Descriptio Fluminum Galliae, 8° Par. 1618
576.b.1

907 Massonius, Papirius,
Discours du Mariage du Roy, 8° n.p.n.d.
1058.a.20(2)

908 Mathieu, Pierre,
Establissement de France, 8° Par. 1616
K = Mathieu, Malgrin
No JM copy traced

909 Mathieu, Pierre,
Histoire de France sous Henry 4 2 vols., 8° Par. 1609
Acquired by JM 1609
1200.a.8, 9

910 Mathieu, Pierre,
Les Prosperitez malheureuses, 12° Rouen 1618
587.a.21(2)

911 Mathieu, Pierre,
Aelius Sejanus, 12° Rouen 1618
587.a.21(1)

912 Mathieu, Pierre,
Aelius Sejanus, 12° Rouen 1626
587.a.22

913 Mathieu, Pierre,
Hist. des Guerres entre les Maisons de France & d'Espagne, 8° n.p. 1604.
K = France, Appendix, History and Politics, Miscellaneous.
Inscribed 'Ger. Bromley'
1059.b.13

914 Matthaeus, Anton.,
Oratio de Anulo, 4° Ultraj. 1639
C.76.c.2(3)

915 Mauro,
Rime, 8° Ven. 1538
In contemporary Venetian binding
C.65.f.4(2)

916 Maximus, C. Valerius,
Dict. & Fact. Roman. cum Not. Pigii & Lipsii & Coleri, 8° Hanov. 1614.
K = Valerius Maximus
588.b.22

917 Maximus, C. Valerius,
Dict. & Fact. Roman. cum Not. Pigii & Lipsii & Coleri, 8° Franc. 1601.
K = Valerius Maximus
Stamped with arms of Prince of Wales; blue octagonal BM stamp; only copy in ORC.
588.b.21

918 Maximus, Tyrius,
Dissertationes Gr. Lat., 8° Lugd. 1630
524.d.5

919 Maynus, Jason,
Oratio ad Romanorum Regem, 4° Inspr. 1494
See 107
K = Maino, Jason de (Paris 1505)
Formerly 1073.1.4(10)
1073.1.52

920 Mazochius, Jac.,
Antiquae Urbis Romae Inscriptiones, fol. Rom. 1521.
C.80.d.7

921 Meara, Dermit.,
Ormonius, 8° Lond. 1615
STC 17761
1213.g.14

922 *Medici, Histoire de la Maison de*, 4° Par. 1564
Marked 'D' in ORC
K = Nestor, Jean
1788 Sale lot 2593 Dr. Millar 2*s*; and lot 3272
Lefevre 2*s*.

923 *Medici, Catherine de, Vie de*, 8° n.p. 1575
K = Catharine (de' Medici), Queen Consort of Henry
II, King of France, Appendix, Biography.
1059.b.18(2)

924 Meggen, Jod. à,
Peregrinatio Hierosolymitana, 8° Diling. 1580
Inscribed by JM 'ερχεται νυξ' and 'Solus mihi
Christus salus et vita'; also names of: 'John
Doddridge' and 'ex Bibl. P. de Cardonnel MDCLI';
stamped 'British Museum Sale Duplicate 1787'; on
verso of t.p. '15 Mar. 1788 6^d' (1788 Sale lot
2272, 6*d.*); 'Mr. Dalrymple's sale 1809 2*s.* 6*d.*'
(Dalrymple Sale pt. II 6 November 1809, lot 4720);
bookstamp of Sir Joseph Banks and Sloane
accession mark 'R2323'.
978.b.8

925 Melanchthon, Phil.,
Orationum & Praefationum Tom. 2, 8° Arg. 1559
i.e. vol. II of *Declamationes Selectae*
1818 Sale lot 1607, 1*s.* (= vol. II only)

926 Melanchthon, Phil.,
Epistolae, 8° Wit. 1570
1084.h.1

927 Melanchthon, Phil.,
Epistolae, Elz. 8° L. Bat. 1647
1084.h.3

928 Melanchthon, Phil.,
Epistolae ad Camerarium, 8° Lips. 1569
Inscribed 'Liber Johannis Archboldi, ex dono
Gulielmi Googe' (in memory of their friendship at
Eton and King's College, Cambridge, 28 February
1604).
1084.l.8

929 Melander, Otho,
Jocorum atque Seriorum Centuria 2a & 3a, 8° Marp.
1610.
1080.f.23(2)

930 Mendez, Alphons.,
Relation d'Ethiope, 12° Lisle 1633
701.a.9(2)

931 Mendoza, Franc. de,
Viridarium Sacrae ac Profane Eruditionis, 8° Col.
Ag. 1633.
K = Mendonça
1087.i.13

932 *Mercurius Gallobelgicus a 1588 ad 1630* 15 vols.,
8° Franc.
K = Periodical Publications, Cologne
901.b.1–15

933 *Mercurius Gallobelgicus* vol. 12, 8° Franc. 1619
No JM copy traced

934 *Mercurius D'Estat*, 8° Genev. 1634
K = Mercury, Le Mercure (by Paul Hay, Sieur du
Chastelet, the Elder).
596.a.24

935 *Mercurius François a 1605 ad 1643* 24 vols.,
desunt vol. 16 & 17, 8° Par.
K = Periodical Publications, Paris
901.c.2–12 and 901.d.1–12

935A *Mercurius François 1639*, vol. 38, imp., 8° n.p.
Entry has been deleted in ORC
No JM copy traced

936 *Mercurius Suisse par F. Spanheim*, 8° Par. 1634
K = Swiss Mercury
1054.b.19

937 Merz, M., *Vita S. Norberti*, 8° Raven. 1628
862.d.16(1)

938 Merz, M.,
*Triumphus S.P.N. Norbertinus institutus per G.
Mader*, 8° Ravensp. 1627.
862.d.16(2)

939 Meursius, Joh.,
Gulielmus Auriacus, Elz. 4° L. Bat. 1621
Inscribed by JM 'Ioannis Mauritii ex dono clariss.
viri et amici colendiss. D. Ioannis de Laet
Antwerpiani MDCXXXVIII'.
1055.g.7

940 Meursius, Joh.,
Pisistratus, Elz. 4° L. Bat. 1623
586.b.11(2)

941 Meursius, Joh.,
Denarius Pythagoricus, Elz. 4° L. Bat. 1631
Formerly 602.c.14(5)
602.c.32

942 Meursius, J.,
Solon, Elz. 4° L. Bat. 1632
(940–42 entered in ORC as a tract vol.)
This edition not recorded in BM General Catalogue,
nor in Willems, *Les Elzevier*, Brussels 1880.

943 Millet, Dom. Germ.,
Tresor sacré de l'Abbaye de St. Denys, 12° Par.
1636.
856.a.6

944 Milton, John,
Pro Populo Anglicano Defensio, 4° Lond. 1651
Wing M2166
Third issue of 1st edition (cf. F. F. Madan, *The
Library* 1954, p. 113).
Inscribed by JM 'Ioh. Mauritii ex dono authoris'
C.114.b.37

945 Minsheu, John,
Dictionary in Spanish & English, fol. Lond. 1599
STC 19620
627.1.16(1)

946 Minsheu, John,
Spanish Grammar, fol. Lond. 1599
STC 19622
627.1.16(2)

947 Minucci, Min.,
Historia degli Uschochi con Aggionta, 4° n.p.n.d.
With notes by JM
C.75.b.4(1–3)

948 Miraeus, Aubertus,
Elogia Belgica, 4° Ant. 1609
Marked 'D' in ORC
1788 Sale lot 2713 'put by'

949 Miraulmont, Pierre,
Traicté de la Chancellerie, 8° Par. 1610
795.d.3(4)

950 Modestus, Jul.,
De Vocabulis Militaribus, 4° L. Bat. 1607
C.78.b.7

951 Molsa, Marius,
Epigrammata lib. 1, 8° Lut. n.d.
1070.c.13(2)

952 Monet, Philibert,
Inventaire Francoise & Latine, fol. Lyon 1635
C.75.h.1

953 Monferrato,
Risposta alle Pretensione del D. de Nevers nel,
4° Torin. 1630.
K = Charles I (Gonzaga), Duke of Mantua
Formerly 1057.h.28(2)
1057.h.28

954 Monreal, Alex. de,
Contre le Tocsain, 8° Montp. 1611
860.d.9(3)

955 Montagne,
Contre Arnaud en la Cause des Jesuites, 8° Tur.
1615.
K = Des Montaignes, François
With notes by JM
860.b.12(3)

956 Montagne,
Defense du Roi & ses Ministres, 8° Par. 1631
K = Des Montagnes, Le Sieur, pseud. (i.e. Jean
Sirmond).
1058.a.21(2)

957 Montagu, Rich.,
Origines Ecclesiasticae, fol. Lond. 1640
STC 18035
With notes by JM
491.k.2

958 Montalbanus, J. Bapt.,
De Moribus Turcarum, 8° Rom. 1625
Although with black octagonal stamp, has ORL
mark on t.p.; rebound in a tract vol.
1053.b.19(1)

959 Montalvo, Alfons. de,
Comment. super Foro Regali, fol. Salam. 1569
K = Diaz de Montalvo, Alonzo
501.g.1(1)

960 *Montauban, Arrivee de l'Armee du Roy à*, 8° Par.
1621.
K = France, Appendix, History and Politics,
Campaigns and Battles.
1058.a.20(3)

961 *Montauban, Siege de*, 8° Paris 1621
K = France, Appendix, History and Politics,
Campaigns and Battles.
1058.a.20(4)

962 *Montauban, Siege de*, 8° Leyd. 1624
K = D., A.I.
1059.a.4(5)

963 Montcrestien, A. de,
L'Ecossoise, 12° Rouen 1603
1073.d.7(1)

964 Montgomery, L. de,
Le Fleau d'Aristogiton, 8° Par. 1610
860.d.9(2)

965 Montluc, Blaise de,
Commentaires, 8° Lyon 1593
K = Lasseran-Massencome, B. de, Seigneur de
Montluc.
613.b.2

966 Montmorency, M. de,
*La Response sur le Congé obtenu par le C. de
Lorraine*, 8° n.p. 1565.
1059.a.5(13)

967 Morato, Fulv. Pellegr.,
Significato dei Colori e de' Mazzolli, 8° Ven. 1595
No entry in BM General Catalogue September 1968
605.a.30(2)

968 Moreau, Phil.,
Tableau des Armoiries de France, fol. Par. 1630
605.g.8(3)

969 Mornaeus, Phil.,
Memoires 2 vols., 4° n.p. 1624
Inscribed by JM 'Johannis Mauritii ex Bibliotheca
Briani Duppa Episcopi Sarum, et Caroli Wall,
Presbyteri a Studiis'.
1200.cc.11

970 *Mornaeus, Phil., Histoire de la Vie de*, 4° Leyd.
1647.
1199.i.16

971 Moses, R. Aegypt.,
Ductor Dubitantium, fol. Par. 1520
With MS notes
Inscribed by JM 'Olim Jos. Scaligeri, postea Claudij
Salmasii a cuius morte, in auctione librorum mihi
seposuit amicus inter paucos D.J. de Laet junior'.
519.i.15(1)

972 Mucius, Ach.,
Theatrum, 8° Berg. 1596
See 973
1070.d.21

973 Mucius, Moys.,
De Rebus Bergomensibus, 8° n.p.n.d.
See 972
1070.d.21

974 *Murensis Monasterii Origines*, 4° Spir. 1627
K = Muri, Monastery of
698.g.6(2)

974A Murner, Thos.,
Der schelmen zunfft, 4° Strasb. 1516
Not entered in ORC
C.57.c.23(2)

975 *Musarum Epinicia C. Richelieu*, 4° Par. 1634
K = Le Métel de Boisrobert, F.
837.g.28(3)

976 *Musarum Sacrifice au Meme*, 4° Par. 1635
K = Le Métel de Boisrobert, F.
837.g.28(4)

977 Mussatus, Alb.,
Opera cum Not. ac Emend. Pignorii, fol. Ven. 1636
C.77.g.13

978 Mutius, Hieron.,
Historia di Federico de Montefelt. D. d'Urbino,
4° Ven. 1605.
K = Muzio, G.
795.g.9(2)

979 Myddelmore, H.,
Letter upon the Death of the Princess of Condé,
8° Lond. 1564.
K = V., I.D.
STC 24565 (only BM(2) and Bodley copies
recorded).
Inscribed 'Henry Midelmore'
721.a.6(2)

980 Mynshue, Geffray,
Essays & Characters of a Prison, 4° Lond. 1618
K = Mynshul, Geffray
STC 18319
884.h.31

981 Natey, Nic.,
Le Different des Francois & Anglois, 8° Par. n.d.
1059.a.18(3)

982 Naugerius, Andr.,
Epigrammata lib. 1, 8° Lut. n.d.
K = Navagero, A.
1070.c.13(2)

983 Naugerius, Andr.,
Lusus, 8° Ven. 1548
K = Navagero, A.
1070.c.13(3)

984 Neri, Antonio,
Arte Vetraria, 4° Fir. 1612
C.77.b.22

985 Neri, Tom.,
Apologia per Savonarola, 8° Fior. 1564
1020.k.3

986 Nevers, Duc de,
Discours de la Legation du, 8° Par. 1594
K = Louis (Gonzaga), Duke de Nevers
1088.c.36(1)

987 Nicephorus, Gregoras,
Historia Romana Gr. Lat., fol. Bas. 1562
K = Gregoras Nicephorus
Previous owner's name deleted
589.l.6

988 Nicocleon,
Advertissement a Cleonville, 4° n.p. 1632
831.b.21(4)

989 Nicolio, And.,
Dell'Origine e Antichità di Rovigo, 4° Verona 1582
795.g.8

990 Nieremberg, Euseb.,
Obras y Dias, 4° Madr. 1629
521.e.24

991 Noris, Aless. de,
Guerre di Germania da 1618 sino alla pace di Lubeca, 4° Ven. 1633.
K = Bellus, N.
C.77.c.3(1–2)

992 Northof, Levold. à,
Origines Marcanae, fol. Han. 1613
C.80.b.13(3)

993 Noüe, Seign. de la,
Discours politiques & militaires, 8° Basle 1587
K = La Noue, François de, called Bras-de-Fer
721.d.5

994 Noüe, Seign. de la,
Disputatio de Bello Turcico, fol. Franc. 1598
K = La Noue, François de, called Bras-de-Fer
See 285
583.i.8(1)

995 Nunez, D. de Leon,
Genealogia de los Reyes de Portugal, 8° Lisb. 1590
1195.a.3(1)

996 Nunez, D. de Leon,
Descripçãon de Portugal, 4° Lisb. 1610
Inscribed by JM 'Juan Morris en Lisboa precio 4 reales 1617'.
574.e.26

997 Ocellus, Lucanus,
De Universi Naturâ cum Nogarolae Notis, 8° n.p. 1596.
Formerly 543.c.33(2)
With notes in Greek by JM
534.d.39(1)

998 Oihenartus, Arn.,
Notitia utriusque Vasconiae, 4° Par. 1638
C.78.b.6

999 Onciacus, Gul.,
Berlium, 4° Lugd. 1597
1213.l.12(2)

1000 Ongaro, Anton.,
Alceo, 8° Ven. 1582
1071.i.10(2)

1001 Onosander,
Strategeticus Gr. Lat. cum Not. Joh. a Chokier, 4° n.p.n.d.
1000.g.16(2)

1002 Optatus, Afer,
De Donatistis cum Not. M. Casauboni, 8° Lond. 1631.
STC 18832
846.e.23

1003 *Orationi Filippiche* 5, 4° n.p.n.d.
K = Filippica
C.76.c.11(2) and (4) (= Filippiche I, II, IV and V)

1004 *Orationes Politicae*, 8° Han. 1619
K = Dinarchus
1819 Sale lot 1216, 6*d.*

1005 Origines, S. Adam.,
Philocalia Gr. Lat. cum Not. Tarini, 4° Par. 1618
See 38, 45, 1457
852.l.1

1006 *Orleans, Histoire du Siege de*, 8° Par. 1631
Marked 'D' in ORC
K = Joan (d'Arc), Saint, Appendix
1788 Sale lot 4330 Tomkins/Douce 13*s.* 6*d.* (with 1007).

1007 *Orleans, Histoire de la Pucelle*, 8° Par. 1612
Marked 'D' in ORC
1788 Sale lot 4330 Tomkins/Douce 13*s.* 6*d.* (with 1006).

1008 Orlers, Joh.,
Genealogia Comitum Nassoviae, fol. Lug. B. 1616
Marked 'D' in ORC
No JM copy traced

1009 *Ostende, Continuation des Sieges d'*, 8° Par. 1604.
Blue octagonal BM stamp; only copy in ORC
1055.a.20(2)

1010 Ottonaio, G. B. dell',
Canzoni, 8° Fior. 1560
1071.e.3(2)

1011 Owen, Joh.,
Epigrammata, 12° Lond. 1607
STC 18985 (BM and Chetham Library only copies recorded).
1213.a.13(2) and (3)

1012 Oxoniensis Academiae,
Statuta Selecta, 8° Oxon. 1638
STC 19007
Inscribed 'Lewys Stockett pret. 1*s.* 4*d.*'
731.b.9

1013 Oxoniensis Academiae,
Charisteria pro Regina Maria, 4° Oxon. 1638
STC 19038
Inscribed by JM 'Johannes Mauritii ex dono Br.
Duppa Ep. Sarum'.
1070.l.5(5)

1014 Pacatus, L. Ver.,
Pacatus Impacatus ad Examen Vocatus, 4° Crac.
1616.
1010.a.9

1015 Pacifique, Le P.,
Voyage de Perse, 4° Par. 1631
566.e.9

1016 Paduanius, Fabrit.,
De Ventis et de Terrae Motu, fol. Bonon. 1601
537.m.11(1)

1017 *Paix, Negotiation de la 1575*, 8° n.p. 1576
K = Henry I (de Bourbon), Prince de Condé
1059.a.12(1)

1018 Palatino, G. Bat.,
Dell'imparare a scrivere Lettere, 4° Rom. 1540
1043.l.4

1019 Palearius, Aonius,
Epistolae, Orationes & de Animorum Immortalit.,
8° Bas. n.d.
With notes by JM
1084.g.4

1020 *Palmae Regiae Lud. 13 a praecipuis Poetis in
Trophaeum erectae*, 4° Par. 1634.
K = Le Métel de Boisrobert, F.
837.g.28(1)

1021 *Panegyrici diversorum veterum & recentium*,
8° Duac. 1595.
K = Latin-Attic Orators
834.c.12(1)

1022 *Panegyrici 12 Veteres cum Livineii Notis*, Plant.
8° Ant. 1599.
834.c.12(2)

1023 Panormita, Anton.,
De Dictis & Factis Alphonsi R. Arragon. & Neapol.,
4° Wit. 1585.
K = Beccadelli, Antonius, Panormita
C.75.b.10(2)

1024 Pansa, Mutius,
Della Libraria Vaticana, 4° Rom. 1590
With notes by JM
619.g.27

1025 Papias,
Vocabulista, fol. Ven. 1496
Acquired by JM in 1630
IB23664

1026 Papistae,
Dialogus de eorum Tyrannide, 8° n.p. 1562
K = Papists
STC 19175
1020.e.2(4)

1027 Paradin, Guil.,
Histoire de son Temps, fol. Lyon 1550
Inscribed 'Devonshyre' (i.e. Charles Blount, E. of
Devonshire and Baron Mountjoy 1563–1606).
596.i.8(1)

1028 Paraeus, Dan.,
Historia Palatina, 12° Franc. 1633
606.a.17

1029 Paris,
*Du Grand Devoir, Fidelite & Obeissance de
Messieurs de*, 8° n.p. 1565.
K = Guyot, C.
1059.a.5(15)

1030 Paris, Matt.,
Historia major cum additamentorum Libro, fol.
Lond. 1640.
STC 19210
No JM copy traced

1031 Parisanus, Aemil.,
De Microcosmicâ Subtilitate, fol. Ven. 1623
No JM copy traced

1031A Parker, Matth.,
De Antiquitate Ecclesiae Britannicae, fol. Han. 1605
K = British Church
With note on flyleaf by JM; see 251A
490.k.19

1032 *Parnasse Royal*, 4° Par. 1635
K = Le Métel de Boisrobert, F.
837.g.28(2)

1033 Parsons, Robt.,
Discussion of Barlow's Answer, 4° n.p. 1612
STC 19409 Alrog 628
861.i.8

1034 Parsons, Robt.,
Apology for the Catholic Hierarchy in England,
8° n.p. 1601.
K = Rome, Church of, Clement VIII, Pope
STC 19392/4832 Alrog 614
1019.e.5

1035 Parsons, Robt.,
Reply to his Apology, 4° n.p. 1603
Inscribed: 'Dupl. $\frac{XI}{G6}$ where it is entered'
STC 19056 Alrog 236 [by Robert Charnock]
860.i.27

1036 Parvus, Petrus,
Contra Johannem Magnum, 4° n.p. 1560
See 1037
K = Lille, P.
C.77.a.30

1037 Parvus, Petrus,
Historia Joannis Regis Daniae, 4° n.p. 1560
See 1036
C.77.a.30

1038 Paschalius, Carol.,
Legatio Rhaetica, 8° Par. 1620
Marked 'D' in ORC
No JM copy traced

1039 Pasqualigo, Alv.,
Gli Intricati Pastorale, 8° Ven. 1581
1071.i.10(4)

1040 Pasquier, Estienne,
Recherches de la France, 4° Par. 1607
596.g.3

1041 Pasquier, Estienne,
Recherches des Recherches, 8° Par. 1622
596.b.32

1042 Pasquier, N.,
Remonstrances a la Royne Mere Regente, 8° Par.
1610.
Misbound 1966
1059.a.4(2)

1043 Paterculus, Velleius,
Historia Romana cum Not. Manutii, 8° Ven. 1571
589.a.14(1)

1044 Paterculus, Velleius,
Historia Romana cum Com. Gruteri & aliorum,
12° Franc. 1607.
588.a.23

1045 Paterculus, Velleius,
Historia Romana cum Com. Vossii, Elz. 12° Lug. B.
1639.
C.76.a.11

1046 Patricius, Franc.,
Poetica, 4° Fer. 1586
K = Patrizi, Francesco, philosophical writer
836.h.6(1, 2)

1047 *Paulino, Coppie d'une lettre escrite a*, 8° n.p.
1611.
K = W., G.D.
1058.a.20(5)

1048 Paulmier, Jul. de,
Du Vin et Cidre, 8° Caen. 1589
Inscribed 'Mat. Carew'
1038.b.14

1049 Paulus Diac. Aquil.,
De Gestis Romanorum, 4° Rom. 1471
K = Warnefridus, Paulus, Diaconus
IB 17452

1050 Paulus Diac. Aquil.,
Historia Miscella cum Contin. Lud. Sagacis, 8° Bas.
1569.
K = Landulphus, Sagax
1197.b.2

1051 Paulus V,
*Raccolta degli Scritti nella sua Causa co' Sri.
Venetiani*, 4° Coira 1607.
K = Rome, Church of, Popes, Paul V
Marked 'D' in ORC (cf. 1788 Sale lot 4368 1s.)
With notes at end by JM. Presented to BM by Thos.
Hollis 26 October 1764.
1010.d.3(1)

1052 Paulus Venet. Serv.,
Controversia inter Paulum V & Venetos, 4° Par.
1607.
K = Rome, Church of, Popes, Paul V
Blue octagonal BM stamp; no other copy in ORC
1008.a.12

1053 Paz, Augustine du,
Hist. des plusieurs Maisons de Bretagne, fol. Par.
1619.
Inscribed 'Aug. Vincent'
607.m.2

1054 *Pazzi, M. Magd., Vie de*, 8° Par. 1634
K = L., Fr., Religieux Carme Reformé
Acquired by JM 1635
Bound as a Charles I book
486.a.23(2)

1055 Peletier, Jaques,
Remonstrance tres humble pour les Jesuites, 8° Par.
1610.
K = Pelletier, T.
860.d.9(2*)

1056 Perez, Geron.,
Mysterios de Nuestra Fe Santa, 8° Madr. 1617
848.a.11

1057 Perez, F. de Guzm.,
Cronica del Rey Don Juan II, fol. Pampl. 1591
K = Perez de Guzman, F.
C.75.d.16

1058 Perron, Card. du,
Ambassades, fol. Par. 1633
K = Davy Du Perron
594.i.2

1059 Persia, D. Juan de,
Relaciones, 4° Vallad. 1604
790.g.20

1060 Persio, Ascan.,
Conform. della Ling. Ital. colla Greca, 8° Ven. 1592
627.d.17(1)

1061 Persius, Aul. Flac.,
Satyrae cum Notis J. Casauboni, 8° Par. 1605
1818 Sale lot 1851, 6*d*.
1819 Sale lot 1246, 6*d*.

1062 Persius, Aul. Flac.,
Satyrae cum Notis B. Autumni, 8° Paris 1607
See 787
(1) has inscription 'sum Ben Jonsonii Liber' deleted
1001.f.2(2)

1063 Persius, Aul. Flac.,
Satyrae cum Notis Farnabii, 8° Lond. 1612
See 788
STC 14889
1068.i.16(2)

1064 Perussiis, Loys de,
Des Guerres de la Comté de Venayscin, 4° Avign.
1563, 1564
Inscribed 'Thomas Smith' (i.e. Sir Thomas Smith
1513–77).
1058.b.25

1065 Pescetti, Orlando,
Proverbi Italiani, 8° Ven. 1618
1805 Sale lot 522 Molini 6*s*. (with 1066 and others)

1066 Pescetti, Orlando,
Proverbi Italiani e Latini, 8° Ven. 1618
1805 Sale lot 522 Molini 6*s*. (with 1065 and others)

1067 Petit, Sam.,
Eclogae Chronologicae, 4° Par. 1632
580.g.4

1068 Petrarcha, Franc.,
Opera Ital. con la Spositione di G.A. Gesualdo,
4° Ven. 1581.
1071.m.8

1069 Petrarcha, Franc.,
Opere con la Spositione d'Al. Velutello, 4° Ven.
1538.
638.h.1

1070 Petrarcha, Franc.,
Sonetti e Canzoni e Triomphi, 4° Vin. 1549
No JM copy traced

1071 Petronius, T. Arb.,
Satyricon cum Notis Variorum, 12° Lugd. 1608
1079.a.7

1072 Petronius, T. Arb.,
Satyricon cum Notis Variorum, 8° Helen. 1610
1079.l.7

1073 Petrucchi, Luigi,
Rime, 4° Oxon. 1613
STC 19814
'a singular and uncommon book', F. Madan, *Oxford Books*, i 93 (Oxf. 1895).
1062.l.24

1074 Petrus Monachus,
Historia Albigensium & Sacri in eos Belli, 8° Trecis
1615.
K = Peter, a Monk of the Abbey of Vaux-de-Cernay
No JM copy traced

1075 Peucerus, Gaspar,
De praecipuis Divinationum Generibus, 8° Wit. 1575
Marked 'D' in ORC
No JM copy traced

1076 Pflaumern, H. à,
Mercurius Italicus, 8° Aug. Vind. 1625
575.d.9

1077 Phaedrus,
Fabulae cum Notis Rigaltii, R. Steph. 4° Par. 1617
With black octagonal BM stamp; in vol. of
miscellaneous tracts not owned by JM.
637.i.13(1)

1078 Philadelphus, Euseb.,
Dialogi Gall., 8° Edinb. 1574
K = Eusebius Philadelphus Cosmopolita, pseud. (i.e.
Nicolas Barnaud).
STC 1463
1059.b.18(1)

1079 Philadelphus, Irenaeus,
Epistolae ad Renatum Veridaeum, 4° Eleuth. 1641
K = Philadelphus, Irenaeus, pseud. (i.e. Louis Du
Moulin).
700.e.17(1)

1080 Philibert, Em. Sav.,
Edicts, 4° n.p. 1574
K = Savoy, Laws I, General Collections
1061.c.1(1)

1081 Philibert, Em. Sav.,
Suite des Edicts, 4° Chamb. 1579
K = Savoy, Laws I, General Collections
1061.c.1(2)

1082 Philostorgius,
Historiae Ecclesiasticae Epitome, 4° Gen. 1642
C.75.c.20

1083 Phranza, Georg.,
Chronicon, 4° Ing. 1604
K = Phranzes, Georgios
See 1355
589.f.16(2)

1084 Pictet,
Harangue, 12° Gerv. 1606
K = Pictet, Amy
1193.i.17

1085 Pictorius, Josua,
Dictionarium Germanico-Latinum, 4° Tigur. 1561
K = Mahler, Josue
628.h.1

1086 Pierius, Joh.,
De Literatorum Infelicitate, 8° Ven. 1620
K = Valeriano Bolzani, G.P.
1788 Sale lot 2239, 6*d*. ('corio turcico ac foliis
deauratis').
Bindley–Pinkerton–Pottinger–Worcester
College, Oxford

1087 Pighius, Steph. Vin.,
Hercules Prodicus, Plant. 8° Ant. 1597
Marked 'D' in ORC
No JM copy traced

1088 Pigna, J. Bapt.,
De Principibus Atestinis, fol. Fer. 1595
Acquired by JM 1635
803.l.1

1089 Pigna, J. Bapt.,
Carmina, 8° Ven. 1553
See 69 and 280
Inscribed 'tanquam explorator', 'sum Ben Jonsonii'
and 'nunc vero Johannis Mauritii 1638'.
t.p. reproduced in C. H. Herford and P. Simpson,
Ben Jonson, Oxford 1925, i 264–5.
Formerly 1070.c.14
C.45.b.26

1090 Pigna, J. Bapt.,
I Romanzi, 4° Ven. 1554
1074.h.4

1091 Pino, Bernard,
L'Eunia Ragionamenti Pastorali, 8° Ven. 1582
1071.i.10(3)

1092 Pisanelli, Bald.,
Della Natura de' Cibi e del Bere, 12° Gen. 1584
See 95
Inscribed 'C. Hubert'
1037.c.6

1093 Pistorius, Joan.,
Rerum Germanicarum Scriptores, fol. Franc. 1584
See 1095
C.83.h.5

1094 Pistorius, Joan.,
Rerum Germanicarum Scriptores, fol. Franc. 1607
C.83.h.4

1095 Pistorius, Joan.,
Rerum Germanicarum Scriptores, fol. Franc.1613
See 1093
C.83.h.5

1096 Pithoeus, Pet.,
Annal. Franc. a 708 ad 990 Scriptores 12, 8° Par.
1588.
1058.b.11

1097 Pithoeus, Pet.,
Libertez de l'Eglise Gallicane 2 vols., fol. n.p. 1639
C.80.i.2

1098 Plautus, T. Macc.,
Comoediae per Georg. Alexandrinum, fol. Tarvis.
1482.
IB 28447

1099 Plautus, T. Macc.,
Comoediae Dousae, 12° Franc. 1604
1000.b.6

1100 Plautus, T. Macc.,
Comoediae cum Notis J. Bapt. Pii, fol. Mediol. 1500
1788 Sale lot 4213, 11*s*.

1101 Plautus, T. Macc.,
Comoediae cum Notis Paraei, 8° Franc. 1610
1000.k.1

1102 Plautus, T. Macc.,
Comoediae cum variis Lectionibus ex Lambin &c.,
8° Lugd. 1581.
Inscribed 'William Morton 3*s*. 6*d*.'
1000.b.4

1102A Playfere, Thos.,
Caesaris Superscriptio, 4° Lond. 1606
Wrongly listed in ORC as a JR book
STC 20008
1213.l.7(3)

1103 Plinius, Sen.,
Historia Naturalis Dalecampii, 8° Franc. 1608
975.c.3

1104 Plinius, Jun.,
Epistolae, Elz. 12° L. Bat. 1640
No JM copy traced

1105 Plutarchus,
Quomodo Juveni audienda sint Poemata Gr. L.,
4° Par. 1623.
See 125 and 1322
1818 Sale lot 2334 Hawkins 11s. 6d.

1106 *Poemata*, 8° Oxon. 1656
K = Birkhead, Henry
Wing B2978
1213.g.23

1107 *Poemi varii nella Vittoria ottenuta da' Christiani contra Turchi*, 8° Ven. 1572.
K = Christians, Raccolta
1071.e.5

1108 *Poetae Satyrici minores cum Boxhornii & Douzae Notis*, 12° Lug. B. 1633.
1213.c.6(2)

1109 *Poetica per Academiae Giessenae nonnullos Professores*, 8° Giessae 1617.
No JM copy traced

1110 Poggius, Florent.,
Facetiae, 8° Craco. 1592
1080.f.19

1111 Polaccius, Georg.,
Ordo Rit. & Caerim. suscipiendi Habitum Monialem, 4° Ven. 1612.
K = Liturgies, Latin Rite, Rituals II Local, Venice
Inscribed 'Ioh. Mauritius ex dono Briani Duppa Epi. Sarum'.
692.e.5(1)

1112 Politianus, Ang.,
Opera, fol. Bas. 1553
631.l.15

1113 Politianus, Ang.,
Orationes & Praelectiones, 4° Par. 1509
See 107, 157–68 and 919
Inscribed 'Hic Liber devotus et dicatus est Collegio Corporis Christi in Universitate Oxoniense'.
With list by JM of other tracts formerly in vol.
Formerly tract (1) of tract vol. 1073.1.4(1–15)
1073.l.4

1114 Polyaenus,
Stratagemata Gr. Lat. Is. Casauboni, 12° Lugd. 1589.
Inscribed 'Duplicate J.B.' (probably the Revd. Joseph Bean, Assistant in the Dept. of Printed Books).
534.a.2

1115 Polybius,
De Militiâ & Castramentatione Romanorum,
4° L. Bat. 1607.
C.78.b.7

1116 Pomo, Pietro,
Guerre di Germania, 4° Ven. 1640
1197.e.15

1117 Pomponatius, Pet.,
De Incantationibus, 8° Bas. 1556
719.e.1

1118 Pona, Franc.,
Preludii delle Glorie di Barbarigo e Trivisano,
4° Ven. 1630.
Not in BM General Catalogue September 1968
839.k.16

1119 Pona, Joh.,
Monte-Baldo descritto, 4° Ven. 1617
Inscribed by JM 'ex auctoris munere'
724.e.20(1)

1120 Poncino,
Facetie, 8° Crem. 1581
1071.h.25(6)

1121 Pontanus, Joh. Isach.,
Danica Historia, fol. Amst. 1631
590.l.13

1122 Pontanus, Joh. Isach.,
Itinerarium Galliae Narbonensis, 12° L. Bat. 1606
576.a.3

1123 Popma, Ausonius,
De differentiis Verborum & de Usu Antiquae Locutionis, 8° Giessae 1618.
C.77.a.15(1)

1124 Popma, Ausonius,
De Usu antiquae Locutionis, 8° Giessae 1618
C.77.a.15(2)

1125 Porphyrius,
De non necandis ad Epulandum Animantibus, fol.
Flor. 1548.
C.78.f.4(1)

1126 Porphyrius, P. Opt.,
Panegyricus Constantino dictus, fol. Aug. V. 1595
Inscription 'tanquam explorator' and 'sum Ben
Jonsonii Liber' has been deleted.
C.78.f.4(2)

1127 Portius, Placent,
Pugna Porcorum, 8° Col. 1566
K = Porcius, P.
No JM copy traced

1128 Portugal,
Origine de ses Roys de la Maison de France, 4° Par.
1612.
K = Godefroy, T.
No JM copy traced

1129 Postellus, Gul.,
Histoires Orientales, 12° Par. 1575
With notes by JM
688.a.23

1130 Poulain, Nic.,
Le Procez Verbal, 8° n.p.n.d.
K = Journal des choses memorables (by Pierre de
L'Estoile).
610.c.20

1131 Poza, Juan,
Practica de ayuda'a morir, 12° Madr. 1630
846.l.18

1132 Prague,
Tractatus sive Conditiones Pacis, 4° Col. 1635
K = Germany, Acts of Sovereigns, Ferdinand II
Emperor (1619–37).
Formerly 595.f.6(2)
595.e.32

1133 Primerose, Gilb.,
Panegyrique de Charles Prince de Galles, 8° Par.
1624.
Marked 'D' in ORC
610.c.23(2)

1134 Probus, M. Valer.,
De Literis Antiquis, 4° n.p.n.d.
Formerly $\frac{625.\text{d}}{9}$
625.d.39

1135 Progne,
Tragoedia, 4° Ven. 1558
K = Venice, Academia Veneta
With notes by JM
1069.b.16(2)

1136 *Provenzali Poeti, Vite de'*, 8° Lion. 1575
K = Nostredame, J. de
1788 Sale lot 3995 G. Chalmers/F. Jackson 8s.

1137 Prudentius, Aur.,
Opera Giselini, 12° Lug. B. 1610
1069.a.43

1138 *Prussia Jura Municipalia*, 4° Dantz. 1578
878.i.12

1139 *Puritans, Discourse Concerning*, 4° Lond. 1641
K = Puritans
Wing L1875
Formerly 700.d.17(2)
4135.b.67

1140 Putschius, Elias,
Grammaticae Latinae Auctores antiqui, 4° Han.
1605.
With notes by JM
Formerly 384.g.5 and 2114.d
12934.i.7

1141 Pythagoras,
Aurea Carmina Lat. Auctore Theod. Marcilio,
12° Lutet. 1585.
720.b.1(2)

1142 Pythagoras,
Vita per Ferrarium, 8° Med. 1629
K = Porphyry, the Philosopher
No JM copy traced

1143 Quercetanus, Jos.,
De Ortu Metallorum, 8° Lugd. 1575
K = Duchesne
No JM copy traced

1144 Quercetanus, Jos.,
Diaeteticon Polyhistoricon, 8° n.p. 1607
K = Duchesne
1038.g.10

1145 *Questions curieuses*, 8° Par. 1630
K = M., M. (i.e. Mersenne, M.)
850.c.9 (imperfect: t.p. and prelims only)

1146 Quevedo, Franc. de,
La Cuna, la Sepultura y Doctrina para morir,
12° Sev. 1634.
K = Gomez de Quevedo Villegas
1019.a.17(2)

1147 Quevedo, Fr. de,
*Politica de Dios, Gioverno de Christo, Tyran: de
Satan*, 8° Pamp. 1626.
Bound as a George III book
Formerly (1) of 1074.d.21(1–6) with a note to say (6)
removed to C.57.aa.21 (see 1367).
C.53.i.12(1)

1148 Quevedo, Fr. de,
Desuelos Soñolientos, 8° Barcel. 1629
C.53.i.12(2)

1149 Quevedo, Fr. de,
Vida del Buscon, 8° Sarag. 1626
C.53.i.12(3)

1150 Quevedo, Fr. de,
Memorial por el Patronato de Santiago, 8° Sarag.
1629.
C.53.i.12(4)

1151 Quevedo, Fr. de,
La Chiton de las Paravillas, 8° Sarag. 1630
C.53.i.12(5)

1152 Quintilianus, M. Fab.,
Institutiones Oratoriae & Declamationes, 8° n.p.
1604.
1089.f.4

1153 Rabelais, Franc.,
Œuvres, 12° Lyon 1596
Inscribed 'Monsieur Rabelais was for these workes
by the holy father in the Councell of Trent
condemned for an atheist. Jean Maurice pret. 2*s.* 6*d.*
Anno Domini 1608'.
1081.k.1

1154 Rabutin, Fr. de,
*Des Guerres en Gaule Belgique entre Hen. 2 &
Charles 5*, Vascos. 8° Par. 1555.
Inscribed 'Thomas Randolphi'
C.22.b.13

1155 Rabutin, Fr. de,
*Des Guerres en Gaule Belgique entre Hen. 2 &
Charles 5*, 8° Par. 1574.
1059.a.10

1156 Raderus, Matth.,
Ad Quintum Curtium Explanationes, fol. Col. 1628
585.i.19

1157 Raimondi, Eugen.,
Delle Caccie, 4° Ven. 1630
557*.e.27

1158 Ramus, Jo.,
Elegiae de Rebus gestis Archiducum Austriae,
8° Lov. 1553.
1054.b.35

1159 Ramus, Pet.,
De Religione Christianâ, 8° Franc. 1577
Inscribed 'sum Liber Thomae Edwards' with notes in
the same hand.
1020.e.20

1160 Ramus, Pet.,
De Moribus Veterum Gallorum, 8° Bas. 1574
1058.a.3(1)

1161 Ramusio, Gio. Bat.,
Navigationi e Viaggi 3 vols., Junt. fol. Ven. 1588,
1583, 1565.
C.79.e.4

1162 Ranzovius, Hen.,
Epitaphia &c., 4° Lips. 1584
1213.l.7(1)

1163 *Rates of Merchandizes*, 8° n.p.n.d.
K = England, Miscellaneous Public Documents, etc.,
III Chronological Series, James I.
(Only BM and Folger copies recorded)
STC 7692
513.a.38(1)

1164 Regio, Paolo,
Siracusa Pescatoria, 8° Nap. 1569
1074.e.26

1165 Regius, Lud.,
Exhortation aux Francois pour vivre en Concorde,
8° Par. 1570.
1058.a.11(1)

1166 Regius, Lud.,
Des Differents pour la Religion, 8° Par. 1573
1058.a.11(2)

1167 Regius, Lud.,
De l'Histoire de ce Temps, 8° Par. 1579
1058.a.11(3)

1168 Reineccius, Rein.,
Origines Stirpis Brandeburgicae, fol. Franc. 1581
C.80.b.13(2) .

1169 *Remonstrance to the Parliament by a Dutiful
Son of the Church*, 4° Lond. 1640.
K = England, Parliament, Petitions &c. (by Joseph
Hall, bishop).
STC 12676
700.e.17(3)

1170 *Remonstrance, Defence of it against
Smectymnuus*, 4° Lond. 1641.
K = Smectymnuus (by Joseph Hall, bishop)
Wing H378 (2nd ed., not distinguished as such by
Wing).
700.e.17(5)

1171 *Remonstrance, Answer to the Vindication of
Smectymnuus*, 4° Lond. 1641.
K = Smectymnuus (by Joseph Hall, bishop)
Wing H417
700.e.17(7)

1172 *Remonstrances d'un Catholique Francois aux Etats de France*, 8° n.p. 1576.
K = France, Legislative Bodies, Etats Généraux 1576.
1193.c.4(2)

1173 *Remonstrances d'un Catholique Francois aux Etats de France*, 8° n.p. 1576.
No second JM copy traced

1174 *Remonstrances des Deputez du Roy Emmanuel sur la Paix*, 8° n.p. 1576.
K = France, Religious Bodies, Reformed Churches, Appendix.
596.a.9(7)

1175 *Remonstrances aux Etats de France pour la Paix*, 8° Lyon 1577.
K = France, Legislative Bodies, Etats Généraux 1576.
1193.c.4(3)

1176 *Remonstrances au Roy Henry 3 sur les Desordres du Royaume*, 8° n.p. 1588.
K = Henry III, King of France, Appendix, Miscellaneous.
1059.a.14(1)

1177 *Remonstrances au Roy Henry 3 sur les Desordres du Royaume*, 8° Aug. 1576.
K = France, Henry III King (1574–89)
1193.c.4(1)

1178 Rengifo, J. Diaz,
Arte Poetica Española, 4° Madr. 1606
1087.c.4

1179 *Reparties sur la Response a la tres-humble &c. Remonstrance au Roy*, 4° n.p. 1632.
K = Louis XIII, King of France, Appendix
831.b.21(3)

1180 Resende, Garcia de,
Cancioneiro General, fol. Lisb. 1516
C.20.e.21

1181 Reuberus, Justus,
Veteres Scriptores Rerum German., fol. Hanov. 1619.
C.83.h.2

1182 Reuchlinus, Joh.,
De Verbo mirifico, 12° Lugd. 1552
Formerly 666.a.2
4224.a.18

1183 Reusnerus, Hier.,
De Scorbuto, 8° Franc. 1600
1187.b.3

1184 Rhaemius, Andr.,
Vita & Mors, 4° Ingol. 1589
K = Khellnerus a Zinnendorf, G.
C.73.b.12(2)

1185 *Rhetores antiqui Latini*, 4° Par. 1599
K = Latin Rhetoricians
C.83.d.12

1186 Ribeyro, Bernaldim,
Historia de Menina & Moça, 8° Lisb. 1559
C.57.aa.1

1187 Ribier, Jacques,
Sur le Gouvernement des Monarchies, 4° Par. 1630
1128.h.1(2)

1188 Ribier, Jacques,
Charges de M. les Chanceliers de France, 4° Par. 1629.
1128.h.1(1)

1189 Riccobonus, Ant.,
Comment. de Historiâ, 8° Ven. 1568
Inscribed by JM 'pret. 3s.'
580.a.3

1190 *Richelieu, Charitable Remonstr. de Caton Chrestien à*, 4° n.p. 1631.
831.b.21(9)

1191 Richeôme, Louis,
Plaint au Roy pour la Compagnie de Jesus, 8° Bourd. 1603.
860.b.12(1)

1192 Rinaldi, Giov. de',
Il Monstruosissimo Mostro, 8° Ven. 1599
Not in BM General Catalogue August 1968 (but in *Short Title Catalogue of Books Printed in Italy . . . 1465–1600, now in the British Museum*, Lond. 1958).
605.a.30(3)

1193 Rinuccini, Gio. Bat.,
Il Cappuccino Scozzese, 12° Bol. 1644
854.a.24

1194 Ripa, Caesare,
Iconologia, 4° Pad. 1611
637.g.26

1195 Ritius, Mich.,
De Regibus Franc. Hisp. Hieros. Neap. Sic. & Hung., 8° Bas. 1534.
Formerly bound with 406
596.a.6

1196 Rivius, Thom.,
Imperatoris Justiniani Defensio, 8° Franc. 1628
878.e.1

1197 Roche-flavin, Bern.,
Des Parlemens de France, fol. Bourd. 1617
K = La Roche Flavin
596.i.18

1198 Roches,
Les Œuvres, 4° Par. 1578
K = Fredonnoit des Roches, M.
With notes by JM
839.h.24(1)

1199 Rodericius, Alph.,
Esercizio de las Virtudes Religiosas, 4° Sev. 1609.
475.b.18

1200 Rodericius, Alph.,
Esercizio de Perfeccion y Virtudes Christianas,
4° Sev. 1615.
475.b.19

1201 Roias, August de,
El Viagio, 8° Madr. 1614
K = Rojas Villandrando, Agustin de
1075.e.6

1202 *Roma, Illustrium Virorum ut extant expressi
Vultus*, fol. Rom. 1569 (principally by A. Lafréry).
Marked 'D' in ORC
1788 Sale lot 1854, 1s.
Pierpont Morgan Library PML 6175 (formerly
Beckford Library, lot 1040 Hamilton Palace Sale).

1203 Roman, Hieronym.,
Republicas del Mundo 3 vols., fol. Salam. 1595
C.73.d.8

1204 Rouen,
Response des Habitans au Duc de Bouillon, 4° n.p.
1562.
1058.h.13(5)

1205 Rouen,
Response des Habitans au Duc de Bouillon, 4° n.p.
1562.
1058.h.13(5*)

1206 Rovere, Jer. de la,
Sermons Funebres es Obseques du Roy Henri II,
4° Paris 1559.
605.d.18(4)

1207 Roverius, Pet.,
Hist. Monasterii S. Johannis Reomaensis, 4° Par.
1637.
C.83.d.15

1208 Rouzaeus, Ludov.,
Problemata miscellanea Anti-Aristot., 12° Lug. B.
1616.
518.a.44

1209 Ruau, Flor. du,
La Regence de Blanche Marie, 8° Poit. 1615
K = Du Ruau, F.
596.c.8

1210 Rubeus, Hier.,
Italicae & Ravennates Historiae, fol. Ven. 1603
C.78.d.7

1211 Rubis, Claude de,
Privileges de la Ville de Lyon, fol. Lyon 1574
596.i.8(2)

1212 Ruffus, Sextus,
Leges Militares, 4° L. Bat. 1607
C.78.b.7

1213 Ruscelli, Gierol.,
Discorso sopra le Imprese, 8° Mil. 1559
K = Giovio, P.
C.77.a.16

1214 Rutilius, Claudius,
Itinerarium cum Barthii Animadv., 8° Franc. 1623
With note by JM on t.p.
1213.k.21(1)

1215 Rutz, Caspar,
Omnium fere Gentium Imagines, fol. n.p. 1577
No JM copy traced

1216 Rycquius, Justus,
De Capitolio Romano, 4° Gand. 1617
C.74.d.10

1217 S., J.,
Neanisci, 8° Argent. 1566
K = S., J., J. S. Neanisci (by John Sturm)
No JM copy traced

1218 Sabunde, Raymund,
Theologia Naturalis, 8° Par. 1509
Inscribed 'Matthew Heton'
Formerly 668.c.6
4014.b.43

1219 Sacratus, Paul,
Epistolae, 8° Ferr. 1580
1084.g.13

1220 Sadoletus, Jac.,
Curtius, 4° Ven. 1559
See 1278
1069.b.16(3)

1221 *Sagae, Processus contra illas*, 8° Franc. 1632
K = Cautio (by Friedrich von Spee)
1788 Sale lot 4054, 6d.

1222 Sagard, Gabr.,
Voyage du Pays des Hurons avec un Diction., 8° Par.
1632.
C.32.c.18

1223 Saincte-Marthe,
Expeditio Rupellana, 8° Par. 1629
K = Sainte-Marthe, Abel de (the Elder)
1059.a.19(4)

1224 Saincte-Marthe, Scev. et L.,
Hist. Geneal. de la Maison de Beauvau, fol. Par.
1626.
K = Sainte-Marthe, Scévole de, the Younger and
Louis de.
595.k.16(1)

1225 Salas, Geron. de,
El Cavallero perfetto, 8° Madr. 1620
523.a.1(2)

1226 Salas, Geron. de,
El Subtil Cordoves Pedro de Urdemalas,
8° Madr. 1620.
1074.d.20

1227 Salazar, Ambros.,
Almoneda general de les Reynos de España Fr.,
8° Par. 1612.
574.e.3

1228 Salmasius, Claud.,
De Annis Climactericis, Elz. 8° Lug. B. 1648
1788 Sale lot 1580 'put by'
1788 Sale lot 1861, 6*d.*
1819 Sale lot 1467 Burney 12*s.*

1229 Salmasius, Claud.,
Specimen Confutationis Animadv. Heraldi, Elz.
8° Lug. B. 1648.
C.83.a.14

1230 Salustius, C. Crisp.,
Opera cum Notis Ciaconii, 8° L. Bat. 1594
589.a.14(2)

1231 Salustius, C. Crisp.,
Opera cum Notis Popma, 8° Franc. 1619
See 1292
With note by JM on front pastedown
587.b.20

1232 Sancto-Germano Christ.,
De fundamentis Legum Angliae, 8° Lond. 1604
K = Saint German, Christopher
STC 21560
506.a.12(2)

1233 Sandorano, Pietro,
Elenco contra il Boccalini, 4° Ven. 1618
C.76.c.11(5)

1234 Sannazarius, Jac.,
Opera, 12° Lugd. 1592
Inscribed by JM 'Venetiis 1610'
1213.a.13(1)

1235 Sannazarius, Jac.,
Arcadia con le Annotationi di T. Porcacchi, 16° Ven.
1588.
1071.a.11(1)

1236 Sansovino, Franc.,
Del Governo dei Regni, 4° Ven. 1561
521.d.5

1237 Sansovino, Franc.,
Del Governo dei Regni, 4° Ven. 1578
Inscribed: 'Francis Crabbe'
521.d.6

1238 Sansovino, Franc.,
Origine dei Cavalieri, 8° Ven. 1583
608.e.3

1239 Sarayna, Torell.,
Historia dei Veronesi, 4° Veron. 1586
See 1240
1196.e.16

1240 Sarayna, Torell.,
Origine et Ampiezza della Città di Verona, 4° Veron.
1586.
See 1239
1196.e.16

1241 Savaron, Jean,
Chronologie des Estats generaux, 8° Par. 1615
1059.a.17(1)

1242 Savaron, Jean,
*Examen de son Traicté de la Souveraineté du
Roy*, 8° n.p.n.d.
1059.a.17(3)

1243 Savaron, Jean,
Erreurs & Impostures de l'Examen, 8° Par. 1616
1059.a.17(4)

1244 Savaron, Jean,
Souveraineté du Roi, 8° Par. 1615
1059.a.17(2)

1245 Savaron, Jean,
Souveraineté du Roi, 8° Par. 1620
1059.a.17(5)

1246 Savile, Henry,
De Militia Romana, 8° Heidelb. 1601
Marked 'D' in ORC
No JM copy traced

1247 *Savoye, Nopces des Infantes de*, 8° Par. 1608
K = P., L.S.D.
1059.a.2(2)

1248 *Savoysienne*, 8° n.p. 1630
K = Arnauld, Antoine, Avocat-général
Not 1059.a.5 though initialled 'JM' on top right-hand
corner of t.p.
1058.a.15(2)

1249 Sausseyus, Car.,
Annales Ecclesiae Aurelianensis, 4° Par. 1615
487.g.14

1250 Scaliger, Jul. Caes.,
Poemata, 8° n.p. 1574
1213.l.2

1251 Scapula, Joh.,
Lexicon Graeco-Latinum, fol. Bas. 1605
623.m.7

1252 Schedius, Elias,
De Diis Germanis, Elz. 8° Amst. 1648
C.77.a.17

1253 Scheurlus, Laur.,
Familia Othomanica, 4° Prag. 1596
1197.d.14(8)

1254 Schottus, Andr.,
Sexti Aurelii Victoris Epitome, Plant. 8° Ant. 1579
See 1416
589.a.9(3, 4)

1255 Schottus, Franc.,
Itinerarium Italiae, 8° Vicenz. 1610
575.d.3

1256 Schurman, An. Maria,
Opuscula, 8° Lug. B. 1648
C.77.a.13

1257 Scientia, Gioseppe,
*Segreti di Medicina raccolti dalla Pratica di G. B.
Zapata*, 8° Rom. 1586.
K = Zapata, G. B.
1038.c.6

1258 Scohier, Jean,
L'estat des Armes, fol. Par. 1630
605.g.8(2)

1259 *Scotland, Chronicle of the Kings of*, 8° Aberd.
1623.
K = Scotland (Miscellaneous Bodies, etc.,) *Kings*
STC 22007 (only BM and Huntington copies
recorded).
C.122.a.13(2)

1260 Scultetus, Abr.,
Concerning the Divine Right of Episcopacy, 4° Lond.
1641.
Wing H378
700.e.17(5)

1261 Entry cancelled

1262 Scylax, Caryand.,
Periplus cum. Notis I. Vossii, 4° Amst. 1639
790.g.6

1263 Sedulius, Hen.,
D. Virgo Mosae-Trajectensis, 8° Ant. 1609
862.g.6(2)

1264 Sedulius, Hen.,
Vita S. Ludovici, Plant. 8° Ant. 1602
K = Willot, H.
486.a.11

1265 Segura, Franc. de,
Romancero Historiado de Portugal, 8° Lisb. 1610
1072.e.12

1266 Selden, Joh.,
Uxor Hebraica, 4° Lond. 1646
Wing S2443
498.g.1

1267 Selva, Lorenz.,
Delle Metamorfosi del Virtuoso, 8° Fir. 1598
Inscribed 'Walter James 1629'
1074.e.28

1268 Seneca, L. Ann.,
Opera cum Not. Mureti, fol. Rom. 1585
With notes by JM
C.78.e.7

1269 Seneca, L. Ann.,
Clementia cum Notis Calvini, 4° Par. 1532
524.d.10

1270 Seneca, L. Ann.,
Morals Lat. Engl., 8° Lond. 1546
STC 17501
C.123.b.2(1)

1271 Seneca, L. Ann.,
De Remediis Fortuitorum Lat. & Angl., 8° Lond.
1547.
STC 22216
C.123.b.2(2)

1272 Seneca, L. Ann.,
Epitres Hispan., 8° Anv. 1551
1082.b.12

1273 Seneca, L. Ann.,
Tragoediae cum Notis Lipsii, 12° Ant. 1601
Inscription 'M. Maty' deleted (with black octagonal
BM stamp).
1000.a.7

1274 Sennertus, Dan.,
Institutiones Medicinae, 4° Wit. 1628
544.f.3

1275 Serafino,
Opere, 8° Ven. 1550
Inscribed 'Francesco Brina'
1071.d.15

1276 Serranus, Joh.,
Inventaire general de l'Histoire de France 2 vols.,
8° S. Gerv. 1603.
1058.c.13

1277 Serre, Sr. de la,
Entree de la Reine Mere du Roi tres Chrest. dans la Gr. Bret., fol. Lond. 1639.
K = Puget de la Serre, Jean
STC 20488
Brown morocco binding with royal arms (issued for sale in this binding cf. similar copy in Pepysian Library).
C.37.1.9

1278 Sfondratus, Franc.,
De Raptu Helenae, 4° Ven. 1559
See 1220
1069.b.16(3)

1279 *Shepherds Calendar*, 4° Lond. 1597
K = Immerito, pseud.
STC 23093
With autograph Latin version by T. Bathurst
Formerly bound with Ben Jonson's copy of Chapman's Homer; see 364, 1384, 1427.
Formerly 1077.e.3(3) and 1077.e.52
C.117.b.10

1280 Sicillo,
Dei Colori, 8° Ven. 1595
K = Sicile, Herald to Alphonso V. King of Aragon
605.a.30(1)

1281 Sidonius, C. Apoll.,
Opera cum Notis Colvii, 8° Lugd. 1598
Marked 'D' in ORC
Inscribed on flyleaf 'Johannes Mauritius pretium 2s. emptus Lutetiae Parisiorum'.
With note by JM
1082.c.7

1282 Sigonius, Car.,
De Episcopis Bononiensibus, 4° Bonon. 1586
C.73.b.3

1283 Sigonius, Car.,
Fasti Consulares, fol. Bas. 1559
See 1284 and 1285
C.78.c.2

1284 Sigonius, Car.,
Comment. in Fastos ac Triumphos Romanos, fol.
Bas. 1559.
See 1283 and 1285
C.78.c.2

1285 Sigonius, Car.,
De Nominibus Romanorum, fol. Bas. 1559
See 1283 and 1284
C.78.c.2

1286 Sigonius, Car.,
Judicium de Romanae Historiae Scriptoribus,
4° Ven. 1627.
C.74.c.12(1)

1287 Sigonius, Car.,
Pro Consolatione Ciceronis Orationes duae, 4° Pat.
1584.
Inscribed 'H.F.'
C.74.c.12(2)

1288 Sigonius, Car.,
De Vita & Rebus gestis P. Scip. Aemiliani, 4° Bonon.
1569.
C.74.c.12(3)

1289 Silhon, Sieur de,
Ministre d'Etat, 12° Par. 1641
521.a.19

1290 Simlerus, Jos.,
Petri Martyris Vita, 4° Tig. 1563
See 901
Inscribed 'Johannes Randle'
With note by JM
C.73.b.12(1)

1291 *Sion's Prerogative Royal*, 8° Amst. 1641
K = Zion
Wing S3871
1019.b.6

1292 Sisenna, L.,
Fragmenta Historiarum, 8° Franc. 1619
See 1231
With note by JM on front pastedown
587.b.20

1293 Skelton, Joh.,
Poems, 8° Lond. n.d.
(1) = STC 22596 (only copy recorded); (2) = STC 22600; (3) = STC 22617; (4) = STC 22603.
C.21.a.14(1–4)

1294 Smectymnuus,
Answer to the Remonstrance of a dutiful Son of the Ch., 4° Lond. 1641.
Names of authors in MS on t.p.
Wing M748
700.e.17(4)

1295 Smectymnuus,
Vindication of the Answer to the humble Remonstr., 4° Lond. 1641.
Wing M798
700.e.17(6)

1296 Smetonius, Tho.,
Respons. ad Hamiltoni Dialogum, 4° Edinb. 1579
STC 22651
With note by JM
Greek words filled in in text in MS (not in hand of JM).
1019.g.3

1297 Smith, Nic.,
Defence against Dr. Kellison, 8° Rouen 1630
K = B., A., *A defence of Nicholas Smith*
STC 1017 Alrog 894 (only BM and Farm St copies recorded).
701.a.5(3)

1298 Smith, Sir Tho.,
De Republicâ Anglorum, Elz. 12° Lug. B. 1625
With notes by JM
568.a.18

1299 *Soldat François, Antisoldat, Censeur, Capitaine, Apologie Royal*, 12° n.p. 1604.
K = French Soldier
596.a.22(1–7)

1300 *Soldat Navarrois*, 12° n.p.n.d.
K = Navarre Soldier
1193.c.6(3)

1301 Solinus, C. Jul.,
Polyhistor. cum Notis Delrii, Plant. 8° Ant. 1572
Bound as a George III book
589.a.9(1, 2)

1302 Somner, Will.,
Antiquities of Canterbury, 4° Lond. 1640
STC 22918
1788 Sale lot 3167, 1s. 9d.

1303 Sophocles,
Tragoediae Gr. Lat. cum Not. Canteri, 8° Heid. 1597
1788 Sale lot 2445, 9d.

1304 Sophocles,
Antigone Lat. per Tho. Watson, 4° Lond. 1581
STC 22929
1070.m.31(2)

1305 Soranzo, Laz.,
L'Otomanno, 8° Mil. 1599
1194.a.22(1)

1306 Sousa, Ant. Mac.,
Genealogia Regum Lusitaniae, 4° Lond. 1642
K = Sousa de Macedo, Antonio de
Wing S4724
1788 Sale lot 3179 Pinto/Dalrymple 2s. 6d.

1307 Spelman, Henr.,
Of Respect due to Churches, 8° Lond. 1616
STC 23068
517.a.43

1308 Spelman, Henr.,
Of Tythes, 4° Lond. 1647
(1) = Wing S4928 (2–3) = Wing S4917
517.b.6(1–3)

1309 Spiegelius, Jac.,
Schol. in Alfonsi Dicta & Facta & Aen. Sylvii Comment., 4° Witeb. 1585.
C.75.b.10(2)

1310 Spinula, P. Fr.,
Opera Poetica, 8° Ven. 1563
1070.c.16

1311 Spontone, Ciro,
Historia della Transilvania, 4° Ven. 1638
590.g.13

1312 Sprecherus, Fort.,
Pallas Rhaetica, 4° Bas. 1617
C.74.c.5

1313 Stapleton, Tho.,
Tres Thomae, 8° Col. Ag. 1612
Inscribed by JM 'The Gift of Mr. Henry Hide A.D. 1623'.
1125.a.7

1314 Starovolscius, Sim.,
De fructuosâ Historias legendi Ratione, 4° Franc. 1625.
Imperfect and cropped
Inscribed 'Sum Ben Jonsonii', with extensive marginal markings by Ben Jonson.
580.c.19

1315 Stella, J. Caes.,
Colombeis, 4° Lond. 1585
STC 23246
837.g.14(1)

1316 Stengelius, Car.,
Idea Christianae Pietatis, 8° Aug. V. 1622
847.h.16(1)

1317 Stengelius, Car.,
S. Maria Magdalenae Vita cum Comment., 12° Aug.
1622.
4824.a.41

1318 Stephanus, Hen.,
Lyrici Graeci, 16° Lugd. 1598
K = Pindar, Greek and Latin
996.a.19

1319 Stephanus, Hen.,
Comicorum Graecorum Sententiae, 16° Par. 1569
K = Estienne, Henri, le Grand
996.a.1

1319A Stephanus, R.,
Fragmenta poetarum, 8° Par. 1564
K = Estienne, R.
Formerly Arundel-Lumley and listed as such in
ORC (cf. Sears Jayne, *The Lumley Library*, Lond.
1956, p. 22 and plate X).
835.d.25

1320 Stevartius, Pet. Leod.,
Apologia pro Societate Jesu, 4° Ing. 1593
860.f.8

1321 Stobaeus, Joh.,
Eclogae Gr. Lat., Plant. fol. Ant. 1575
Marked 'D' in ORC
K = John, Stobaeus
1819 Sale lot 1640, 9s.

1322 Stobaeus, Joh.,
Florilegium Gr. Lat. H. Grotii, 4° Par. 1623
See 125 and 1105
1818 Sale lot 2334 Hawkins 11s. 6d.

1323 Stow, John,
Survey of London, fol. Lond. 1633
STC 23345
567.m.14

1324 Strabo,
*Geographia Gr. Lat. cum Notis Casauboni &
Morelli*, fol. Lut. 1620.
596.h.6

1325 Streinius, Rich.,
Gentium & Familiarum Roman. Stemmata, Ald.
4° Ven. 1571.
Inscribed 'sum Guil. Charci'
C.74.c.7(1)

1326 Stroza, Tit. & Herc.,
Poemata, S. Colin, 8° Par. 1530
K = Strozzi, Tito Vespasiano
Inscribed 'Mr. Patricius Adamsonus' with notes in
the same hand.
1070.c.3

1327 Stuckius, Joh. Gul.,
De Vita & Obitu Joh. Phil. ab Alto Saxo, 4° Bas.
1597.
C.73.b.12(3)

1328 Suetonius, C. Tr.,
Opera cum Not. Sabellici, Egnatii & Erasmi, 8° Ant.
1548.
Contemporary Netherlandish or German binding
Inscribed 'sum Roberti Cotton ex dono Sydnei
Keltridge'.
C.72.b.4

1329 Suetonius, C. Tr.,
XII Caesares & de Illustribus Grammaticis, 8° Lug.
B. 1596.
Marked 'D' in ORC
No JM copy traced

1330 Svendi, Lazar.,
Parere come si possa resistere a'Turchi, 8° Ferrar.
1600.
1194.a.22(3)

1331 Synodus,
De la Ste. Reformation à Montpellier 1598,
12° Montp. 1600.
K = Montpellier, Appendix
1081.c.1

1332 Tacitus, C. Corn.,
Opera Lipsii, 8° Ant. 1599
An error in ORC: *vere* Plant. 8° Lug. Bat. 1600
588.c.2, 3

1333 Tacitus, C. Corn.,
Opera Lipsii, 4° Par. 1606
587.h.11

1334 Tagaultius, Joh.,
Institutiones Chirugicae, 8° Lugd. 1567
549.b.15

1335 Taille-pied, F. N.,
Antiquitez de Rouen, 8° Rouen 1587
576.a.28(1)

1336 Taille-pied, F. N.,
Antiquitez de Rouen, 8° Rouen 1588
576.a.28(2)

1337 Taix, Guill. de
Memoires des Affaires du Clergé de France, 4° Par.
1625.
854.g.17

1338 Tantale, S. de,
Satyre Menipee, 8° n.p. 1612
1059.a.4(3)

1339 Tarducci, Achille,
Il Turco vincibile in Ungaria, 8° Fer. 1600
1194.a.22(2)

1340 Tarsis, Juan de,
Obras, 4° Sar. 1629
K = Tassis y Peralta, Juan de
1072.g.9

1341 Tasso, Torquato,
Il Secretario & Lettere familiari, 8° Ven. 1601
1084.f.20

1342 Tasso, Torquato,
La Gierusalemme liberata, 4° Parm. 1581
Given William & Mary binding
1073.g.31(1)

1343 Tasso, Torquato,
La Gierusalemme liberata, 12° Ven. 1601
1063.c.27

1344 Tasso, Torquato,
Del Poema Eroico, 4° Nap. n.d.
Marked 'D' in ORC
1087.c.1(2)

1345 Taubman, Frid.,
Epulum Musaeum, 8° Lips. 1597
1213.i.22

1346 Telesius, Bern.,
De Rerum Naturâ, 4° Neap. 1570
Inscribed 'Andr. Dudith d.d. Henr. Savile Anglus'
Blue octagonal BM stamp and reddish brown
leather; no other copy in ORC.
537.c.6(1–4)

1347 Terentius, Publ.,
Comoediae, fol. Ven. 1586
Inscription of previous owner deleted
C.79.f.10

1348 Terentius, Publ.,
Andria omni genere Interpret. facilior effecta,
8° Lov. 1549.
Inscribed 'Tho. Wylless'
1068.d.5

1349 Teresa, B. V.,
Officium parvum, 12° Ant. 1639
K = Liturgies, Latin Rite, Hours, Officia Parva, etc.
1016.b.16(1)

1350 *Testamentum Nov. Graec. per Rob. Steph.*
2 vóls., 8° n.p. 1551.
K = Bible, New Testament, Polyglott
Acquired by JM in 1628
1003.a.6, 7.

1351 Themistius, Euph.,
Orationes 19 Gr. Lat. cum Petavii Notis, 4° Par.
1618.
C.81.b.24

1352 Theophrastus,
De Lapidibus Gr. Lat. Joh. de Laet, 8° Lug. B. 1647
K = Boodt, A.
See 790
Inscribed by JM 'Johannis Mauritij ex dono
Auctoris' (i.e. de Laet).
970.i.2

1353 Theophrastus,
Characteres cum Notis Casauboni, 8° Lugd. 1612
525.a.11

1354 Theophylactus, Simoc.,
Opera, 8° Lugd. 1599
524.f.27

1355 Theophylactus, Simoc.,
Historia Mauriciana Gr. Lat. cum N. Pontani,
4° Ing. 1604.
With notes by JM
589.f.16(1)

1356 Thomaeus, N. Leon.,
De varia Historia, 4° Bas. 1531
K = Leonicus Thomaeus, Nicolaus
No JM copy traced

1357 Thomas, Paulus,
Poemata, 8° Par. 1617
1213.f.12

1358 Thomas, Paulus,
Rupellias, 4° Par. 1630
837.g.25

1359 Thomas, Hub. Leod.,
De Vita Friderici II Electoris Palatini, 4° Franc.
1624.
No JM copy traced

1360 Thuanus, J. Aug.,
Historia sui Temporis 5 vols., fol. Gen. 1620
With notes by JM
594.h.6–9

1361 Tilius, Joan.,
Chronicon de Regibus Francorum, fol. Bas. 1569
K = Aemilius, P.
See also 7, 554, 610
595.h.6

1362 Tillet, Jehan du,
Guerres entre les Roix de France & d'Angleterre, fol.
Par. 1588.
596.i.8(3)

1363 Titus, Bostr.,
Comm. in Evangelium Lucae, 8° Ing. 1580
K = Victor, of Antioch, Presbyter
See 1415
1012.a.6

1364 Toletus, Franc.,
Casus Conscientiae, 4° Col. Ag. 1621
See 581
849.k.9

1365 Tomasinus, J. Phil.,
Bibliotheca Patavinae, 4° Utini 1639
1788 Sale lot 2017, 6*d.*

1366 Torinus, Godof.,
Disticha & Epitaphia, S. Colin. 8° Par. 1530
Inscribed 'Brianne Morecroft'
t.p. reproduced in A. F. Johnson, *French Sixteenth Century Printing*, London 1928, plate 14.
636.c.22

1367 Tormes, Lazaro de,
Vida, 8° Alc. 1554
K = Lazarillo
ORC gives date erroneously as 1607
Formerly 1074.d.21(6); see 1147
C.57.aa.21

1368 Tormes, Lazaro de,
Castigado, 12° Alcal. 1607
Formerly 1074.d.2(3)
1074.d.34

1369 *Tours, Ordre des Etats à*, 8° Paris 1614
K = France, Etats Généraux (1484)
1059.a.4(4)

1370 *Tradition Catholique*, 8° n.p. 1609
K = C., Th.A.I
1818 Sale lot 2438, 1*s.*

1371 Trapezuntius, Geor.,
Epistola ad Palaeologum, 4° Ingol. 1604
589.f.16(2)

1372 Treles, N. Clem. de,
Vies & Alliances des Comtes de Hollande & Zelande,
fol. Anv. 1583.
K = Clément (Nicolas) de Treille
C.75.d.8(2)

1373 Trigautius, Nic.,
De Christianâ Expeditione ad Sinas, 8° Aug. V.
1615.
K = Jesuits, Letters from Missions
Acquired by JM 1634
867.e.2

1374 *Trimouille, Sr. de la, La Conversion du*, 8° Par.
1628.
1192.h.6(2)

1375 Trissino, Giov. Georg.,
La Poetica, 4° Vic. 1529
Inscribed 'Joannis Cathicorae Rhetoris'
C.76.d.9(1)

1376 Trissino, Giov. Georg.,
De la Lingua Italiana, 4° Vic. 1529
C.76.d.9(3)

1377 Trithemius, Joh.,
Epistolae, 4° Hag. 1536
1084.l.7

1378 Turnebus, Adr.,
Discours de l'Occasion de Troubles du jourd'huy,
8° n.p. 1564.
1059.a.5(2*)

1379 Turnebus, Adr.,
*Discours de l'Occasion de Troubles du jourd'huy
Lat.*, 8° n.p. 1564.
1059.a.5(2)

1380 Turner, Rob.,
Epistolae, 8° Col. Agr. 1615
1084.g.17

1381 Tursellinus, Horat.,
De Vita B.Fr. Xaverii, 12° Col. Agr. 1610
With note on flyleaf by JM
863.b.20

1382 Turturetus, Vinc.,
Sacellum Regium, 4° Matr. 1630
ORC gives date erroneously as 1600
1124.g.14

1383 Turturetus, Vinc.,
De Nobilitate Gentilitia, 4° Lugd. 1624
C.77.c.8

1384 Tusser, Tho.,
Of Husbandry, 4° Lond. 1580
STC 24380
Formerly 1077.e.3 and 1077.c.71
With marginal markings characteristic of Ben
Jonson.
See 364, 1279, 1427
C.122.bb.19

1385 Twinus, Brian,
Apologia Antiquitatis Academiae Oxoniensis,
4° Oxon. 1608.
STC 24405
731.k.1

1386 Typotius, Jac.,
De Salute Reipublicae, 8° Franc. 1595
522.c.6

1387 Vagetius, Joach.,
Geographistoria, 8° Franc. 1613
568.b.10

1388 Vair, Sr. du,
Constance & Consolation en Calamitez publiques,
16° Rouen 1604.
K = Du Vair
Inscribed 'Jean Maurice MDCXLVIII
         Erunt vera trophaea fides
         Semper vir bonus est tyro'
1019.a.14

1389 Valle-umbrosâ, Gel. de,
*Jesuitographia. Officina Sociorum Modus
Exorcizandi,* 8° n.p.n.d.
860.b.15(2)

1390 *Valtelina, Disc. sopra le Ragioni della
Risolutione fatta in,* 4° n.p.n.d.
C.76.c.11(3)

1391 Varennes, Marc de,
Le Roy d'Armes, fol. Par. 1635
C.76.i.5

1392 Vargas, Alph. de,
De Strategematis Societatis Jesu, 4° n.p. 1636
See 754
860.k.19(1–4)

1393 Varro, M. Terent.,
De Lingua Latina & Analogia cum Castig., S. Colin.
8° Par. 1529.
Inscribed 'Thomas Besant A.D. 1571'
623.b.1

1394 Varro, M. Terent.,
De Lingua Latina cum Not. Vetranii Mauri,
8° Lugd. 1563.
623.b.5(1)

1395 Vaudemont, C. de,
Lettre a son Amy avec la Reponse, 8° Anv. 1565
K = Charles (de Guise), Cardinal de Lorraine
596.a.9(3, 4)

1396 Vaudemont, C. de,
*Discours sur le Conger impetre par lui de faire porter
Armes,* 8° n.p. 1565.
K = Charles (de Guise), Cardinal de Lorraine
1059.a.5(17)

1397 Ubeda, Franc. de,
Entretenimento de la Picara Justina, 4° Med. 1605
Inscribed 'Juan Morris en Madrid 6 reales 16XI'
C.82.b.7

1398 Vega, Garcilasso,
Obras Algunas, 8° Anv. 1547
K = Boscan Almogaver, J.
In fact printed in Rome; see 229
C.63.e.19

1399 Vega, Garcilasso,
Vida, 12° Madr. 1622
1072.a.11

1400 Vega, Lope de,
La Hermosura de Angelica, 8° Madr. 1602
1072.d.6

1401 Vega, Lope de,
Comedias parte 2, 4° Madr. 1609
1072.k.8

1402 Vega, Lope de,
Circe con otras Rimas y Prosas, 4° Madr. 1623
1072.k.9(1–2)

1403 Vegetius, Flav.,
De Re Militari cum Not. Modii & Stewechii, 4° L.
Bat. 1607.
See 615
C.78.b.7

1404 Vegetius, Renat.,
Mulomedicina, 4° Bas. 1528
779.e.3

1405 Verdaeus, Renatus,
Statera Mantissae Forerii, 12° Lugd. 1637
864.b.7

1406 Vergilius, Polydor,
De Inventoribus Rerum Angl. abridged by T.
Langley, 8° Lond. 1551.
STC 24657
721.a.6(1)

1407 Vergilius, Polydor,
Historia Anglica 2 vols., 8° Gand. 1556, 1557
598.a.1, 2

1408 Veridicus, Theod.,
Elenchus Motuum in Anglia, 12° Par. 1649
600.a.6

1409 Verinus, Simpl.,
De transubstantiatione, 8° Hagio 1646
848.f.25

1410 Verinus, Simpl.,
Judicium de Libro posthumo Grotii, 8° Hagiop.
1646.
1090.k.8

1411 *Veritez Françoises*, 8° Beauv. 1637, 1639
K = Ferdinand, *Infant of Spain, Cardinal
Archbishop of Toledo, and Governor of the
Netherlands.*
1059.c.15

1412 Vesalius, And.,
Paraphrasis in Lib. 9 Rhasae, 8° Lov. 1537
K = Muhammad ibn Zakariya (Abu Bakr), *al Razi*
1788 Sale lot 2267, 6*d.*

1413 *Viaggio da Venezia al S. Sepolchro e al Monte
Sinai*, 8° Ven. 1555.
K = Venice
1048.b.9(1)

1414 Victor, Sext. Aur.,
Historiae Romanae Breviarium, 12° n.p. 1596
Duplicate entry of 1417
570.a.24

1415 Victor, Ep. Antioch.,
Comm. in Evangelium Marci, 8° Ing. 1580
K = Victor, of Antioch, Presbyter
See 1363
1012.a.6

1416 Victor, Sext. Aurel.,
Histor. Roman. cum Not. Andreae Schotti, Plant.
8° Ant. 1579.
See 1254
Given George III binding in error
589.a.9(3, 4)

1417 Victor, Sext. Aurel.,
Histor. Roman. cum Not. Andreae Schotti, 12° n.p.
1596.
Marked 'D' in ORC
Duplicate entry of 1414
570.a.24

1418 Vida, M. Hier.,
Il Sileno, 8° Vicenz. n.d.
Inscribed 'Charles Blount' (i.e. Lord Mountjoy)
524.c.35

1419 Vignier, Nic.,
De l'ancien Estat de la Petite Bretagne, 4° Par. 1619
596.g.17

1420 Vignier, Nic.,
Raisons de Preseance entre la France & l'Espagne,
8° Par. 1608.
1059.a.18(2)

1420A Villebois, L. de,
Rerum in Arvernia, 8° Neob. 1577
No copy ascribed to JM in ORC
596.a.13(5)

1421 Villegas, Bernard,
Favores de la Virgen S. a sus Devotos, 12° Murc.
1630.
1019.a.17(1)

1422 Villequier, S. de,
Charge au Duc Casimir avec son Response, 8° n.p.
1577.
1193.c.4(5)

1423 Villeroy,
Memoires d'Estat 4 vols., 8° Sed. & Par. 1622, 1626
K = Neufville, N. de, *Seigneur de Villeroy*
1193.g.10–13

1424 Vincent, August.,
Correction of Brooke's Errors, fol. Lond. 1622
STC 24756
With notes by JM
Formerly 408.i, 428.b, 2099.g, 2101.f, 2119.f
9918.e.21

1425 Virgilius, Pub. Mar.,
Opera, Elz. 12° Lug. B. 1622
1068.b.20

1426 Virgilius, Pub. Mar.,
Aeneid Hisp. por Christoval de Mesa, 8° Madr. 1615.
1000.f.23

1427 Virgilius, Pub. Mar.,
Pastorals & Georgics transl. by A. F., 4° Lond. 1589
STC 24817
With Ben Jonson's signature cropped on t.p.
Inscribed verso t.p. 'Liber Rich. Lloyd emptus
Paulino Caemiterio 9 Septemb. 1591'.
See 364, 1279, 1384
Formerly 1077.e.3(2) and 1077.e.53
C.122.c.13

1428 Virunnius, Pont.,
Historia Britannica, 8° Aug. Vid. 1534
K = Ponticus, Ludovicus, *Virunius*
598.a.19

1429 *Vitelli, Lettere di diversi scritte a*, 8° Fior. 1551
K = Carani, L.
Blue octagonal BM stamp; no other copy in ORC
1084.c.5(1)

1430 Vitruvius, M. Pollio,
De Architectura, 8° n.p. 1523
Purchased by JM 1612
Inscribed 'Liber Roberti Frelove empt. 2*s*. 4*d*.'
See 614
1043.f.10

1431 Vitruvius, M. Pollio,
De Architectura cum Not. Philandri, 4° Lugd. 1586
559*.c.2

1432 Vitruvius, M. Pollio,
De Architectura, cum Not. Philandri, Barbari &c.,
fol. Amst. 1649.
C.80.c.10

1433 *Ulenspeigel*, 4° Strasb. 1516
K = Eulenspiegel, Tyll
C.57.c.23(1)

1434 Vlitius, Janus,
Venatio Nov-antiqua, Elz. 12° Lug. B. 1645
1068.b.27

1435 Ulloa, Alphonso,
Vita di Carlo V, Ald. 4° Ven. 1575
Inscribed 'Wintower paye for this booke four
shillings, Howard' (i.e. Lord William Howard of
Naworth to Sir John Wintour).
1199.e.5

1436 Volaterranus, Raph.,
Commentarii & Aeconom. Xenophontis, fol. Bas.
1559.
K = Maffejus, R.
C.78.f.13

1437 Vorstius, Everard,
Oratio in Obitum Caroli Clusii, 4° Lug. B. 1611
Marked 'D' in ORC
835.f.16(14)

1438 Vossius, Jo. Ger.,
De Historicis Graecis, 4° Lug. B. 1624
586.d.21

1439 Vossius, Jo. Ger.,
De Historicis Latinis, 4° Lug. B. 1627
Acquired by JM 1629
586.c.19

1440 *Voyage de France*, 8° Par. 1639
K = France, Appendix, Descriptions and Travels
576.d.13

1441 Urbanus VIII,
Suppressio Praetensae Congregat. Jesuitissarum,
4° n.p. 1636.
K = Vargas, A. de, pseud.
860.k.19(4)

1442 Ursinus, Fulv.,
In Ciceronis Opera Notae, C. Plant. 8° Ant. 1581
1819 Sale lot 2003

1443 Ursinus, P. Jul.,
Vita di S. Francesca Romana, 8° Ven. 1616
K = Orsino, G.
862.e.24

1444 Urstitius, Christ.,
Germaniae Historici illustres, fol. Franc. 1585
C.83.h.3

1445 Usserius, Jac.,
De textus Hebr. Vet. Testam. variant. Lection.,
4° Lond. 1652.
Wing U169
No JM copy traced

1446 Wangen, Pet. de,
Paralipomena ad Amphith. Honor. Jesuit., 8° Lugd.
1611.
Marked 'D' in ORC
860.b.15(1)

1447 Warsovicius, Chr.,
Speculum Analogiae aliqt. Magnatum, 8° Franc.
1607.
K = Warszewicki, Krzysztof
Inscribed 'Servire Deo regnare est. W. Crashawe'
610.b.2

1448 Webster, Will.,
Tables of Interest, 8° Lond. 1629
STC 25183
513.a.38(2)

1449 Weever, John,
Ancient Funeral Monuments, fol. Lond. 1631
STC 25223
1788 Sale lot 3923, 8*s*.
1819 Sale lot 1871, £1 13*s*. 0*d*.

1450 Westonia, El. Jo.,
Parthenica, 8° Prag. n.d.
Stamped as duplicate for sale 1769
1788 Sale lot 2565 'put by'
Bought by Bindley at Southgate Sale 27 April 1795
and by Grenville at Bindley Sale.
G.17456

1451 Wheeler, John,
Treatise of Commerce, 4° Lond. 1601
STC 25331
No JM copy traced

1452 Williams, Sr. Rog.,
The Actions of the Low-Countries, 4° Lond. 1618
STC 25731
1055.g.2(3)

1453 Windekius, J. Paul,
De Principum Electorum Origine, 4° Col. Agr. 1616
Formerly 591.c.22(9)
591.c.33(1)

1454 *Wisbich Faction*, 4° n.p. 1601
K = Bagshaw, Christopher
STC 1188 Alrog 65
No JM copy traced

1455 Wither, George,
The Scholar's Purgatory, 8° n.p.n.d.
STC 25919
Formerly 516.c.36(2)
C.27.h.6

1456 Zabata, Christoph.,
Diporto de'viandanti, 8° Triv. 1599
1080.f.21

1457 Zacharias, Mityl.,
Disputatio de Mundi Opificio Gr. Lat. Tarini, 4° Par.
1618.
See 38, 45, 1005
852.l.1

1458 Zampinus, Mat.,
De Origine & Atavis Hugonis Capeti, 8° Par. 1581
C.83.b.13

1459 Zazzera, D. Fr.,
Della Nobilità d'Italia, pt. 2, fol. Nap. 1628
C.74.g.8

1460 Zeno, Caterino,
Viaggio in Persia, 8° Ven. 1558
With notes by JM
1048.b.9(2)

1461 Ziliolo, Al.,
Delle Historie de'suoi Tempi, 4° Ven. 1642
582.f.21

1462 Zovitius, Jacob,
Quotidiani Sermonis Formulae, 8° Ant. 1576
Formerly 624.a.32(2)
See 726
624.a.32

MANUSCRIPTS OWNED BY JOHN MORRIS
AMONG THE ROYAL MSS IN THE BRITISH MUSEUM

MS Royal 12.B.V
JM's commonplace book, 'Anno παρθενοτοκιας 1604',
containing anecdotes, apophthegms, etc., from classical
and recent authors, including Montaigne and Sir
Francis Bacon. Arranged under alphabetical headings.
Paper; ff 163. Quarto $7\frac{1}{2}$ in. × $5\frac{3}{4}$ in.

MS Royal 12.B.X
JM's medical commonplace book, in Latin, under
alphabetical headings; the notes are short and not
numerous, the longest being on psychological subjects.
Paper; ff i + 45. Octavo $7\frac{3}{4}$ in. × 6 in. Early 17th
century.

MS Royal 12.E.IX
JM's classical commonplace book.
Paper; ff 56. Quarto 6 in. × $2\frac{3}{4}$ in. Early 17th century.

MS Royal 12.A.XXXV
'Epithalamium in nuptias honoratissimi Comitis
Somersetensis [Robert Carr, *al.* Ker, Earl of Somerset]
et nobilissimae virginis Franciscae Howarde' [divorced
wife of Robert Devereux, Earl of Essex], 26 December
1613, by William Alabaster.

The epithalamium, in 106 hexameters, is followed by
verses in Latin and English on the anagrams of the
names of the bridegroom and bride.
Paper; ff 12. Quarto. 8 in. × 6 in.
Referred to by G. M. Story and Helen Gardner, *The
Sonnets of William Alabaster*, Oxford 1959, p. xlvii,
and by L. I. Guiney, *Recusant Poets*, London 1938,
p. 343.

MS Royal 14.A.XXIII
'Relaçion de algunas cosas hechas en la Persia por los
padres Carmelitas descalços desde el año de mil y
seyscientos y nueue, y de algunos otros casos dignos de
memoria que desde este tiempo suççedieron, hasta el
año de mil y seyscientos y diez y seys.'
Narrative in Spanish of the mission of Fray Redempto
de la Cruz and Fray Benigno de San Miguel. The latter
part contains much information on the embassies of
Robert Sherley (Knight and Count of the Empire) as
envoy in the service of the Shah. The report was begun
on 23 June 1617, on the voyage from Goa to
Portugal, in which the Carmelites accompanied
Sherley.
Paper; ff 131. Quarto. $8\frac{1}{4}$ in. × 6 in. 17th century.

BOOKS OWNED BY JOHN MORRIS NOT LISTED IN ORC
AND NOT IN THE BRITISH MUSEUM

CAMBRIDGE UNIVERSITY LIBRARY

X1 Faber, Nic.,
Opuscula, 4° Paris 1618
Inscribed by JM '' ερχεται νυξ'
From the library of Bishop John Moore
ULC Z.3.39

X2 Horatius, Q. Flac.,
Odae, 8° Paris 1528
Acquired by JM 1644
Inscribed 'sum ex lib. Gulielmi King ex dono' and
'Dedit Philippus King charissimo suo amico Johanne
Winchcombe Die Aprilis 27° An. Dom: 1618'.
From the library of Bishop John Moore
ULC FD.54.39

X3 Praetorius, Abdias,
De poesi Graecorum, 8° Witeb. 1571
Inscribed by JM ''ερχεται νυξ'
From the library of Richard Holdsworth
ULC Y.3.106

CAMBRIDGE, EMMANUEL COLLEGE
LIBRARY

X4 Clotz, S.,
Tract. de Angelolatria, 4° Rostock 1636
Inscribed by JM ''ερχεται νυξ'
From the library of Archbishop Sancroft
335.3.44

X5 Onuphrius, H.,
De Sacro Sigillo, 8° Milan 1611
Inscribed by JM ''ερχεται νυξ'
338.5.12

X6 Rhodomanus, L.,
Palaestina, 4° Frankf. 1589
Inscribed by JM ''ερχεται νυξ'
332.2.54

CAMBRIDGE, ST JOHN'S COLLEGE

X7 *Liber Precum Publicarum Ecclesiae Anglicanae*,
8° Lond. 1569.
STC 16425
T.10.49

X8 Victoria, Franciscus à,
Relectiones Theologicae, 8° Ven. 1626
U.14.42

DUBLIN, ARCHBISHOP MARSH'S LIBRARY

X9 Adriani, Giovanni Battista,
Istoria de suoi tempi, 4° Ven. 1587
Extensive notes by JM ''ερχεται νυξ'
M.2.5.46

X10 Caesarius,
Quaestiones theologiae, 4° Aug. Vid. 1626
Inscribed by JM ''ερχεται νυξ'
C.1.5.37

X11 Camart, Aegidius,
Elias Thesbites, 4° Par. 1631
Inscribed by JM ''ερχεται νυξ'
D.2.5.31

X12 Contelori, Felice,
Tractatus et praxis de canonizatione sanctorum, 8°
Lugd. 1634.
Inscribed by JM ''ερχεται νυξ'
F.2.7.1

X13 Costerus, Franciscus,
Manuale Sodalitatis Beatissimae Virginis, 12° Col.
Ag. 1626.
E.1.6.75

X14 Florio, Michel Angelo,
*Historia de la vita e de la morte de l'illustris. Signora
Giovanna Graia*, 8° [Middelburg: R. Schilders]
1607.
Inscribed 'Capt. Hamilton'
M.1.8.62

X15 Gronovius, J. F.,
Observationes, 8° Lugd. Bat. 1639
Inscribed by JM ''ερχεται νυξ'
L.2.6.14

X16 Interiano, Paolo,
Ristretto delle Historie Genovesi, 4° Luc. 1551
N.2.8.55

X17 Mancini, Celso,
De Somniis, 8° Francf. 1592
Inscribed by JM ''ερχεται νυξ'
P.1.7.47

X18 Sansovino, Francesco,
Della origine e fatti delle Famiglie illustri d'Italia,
4° Vin. 1582.
M.1.4.40

X19 Sirmond, Jacques,
Appendix codices Theodosiani, 8° Par. 1631
G.1.7.43

X20 Wichmans, Augustinus,
Sabbatismus Marianus, 8° Ant. 1628
E.1.6.45

NIJMEGEN, THE NETHERLANDS

X20A Ponticus, Lud.,
Britannicae Historiae, 8° Lond. 1585
STC 20109
From the library of Sir Thomas Phillipps, Sotheby 24
June 1974, lot 2817.
T. A. Birrell

NEW HAVEN, CONNECTICUT, YALE
UNIVERSITY LIBRARY

X21 Biggs, W.,
*A Summarie and true discourse of Sir Francis
Drake's West Indian Voyage*, 4° Lond. 1589.
Inscribed by JM 'Mr. Hakluyt hath published this in
's Collection of Voyages under the name of Mr. Tho.
Cates', *deleted.*
STC 3057
Quaritch Catalogue 99 (September 1889) item
650—Alfred T. White 1891—Mrs Jean White van
Sinderen.
Beinecke Library CE 129 D7 B54 1589

OXFORD, BODLEIAN LIBRARY

X22 Caranza, B.,
Controversia de necessaria residentia episcoporum,
8° Ven. 1547.
Linc. 8° B.75(1)

X23 Grymeston, Eliz.,
Miscelanea, 4° Lond. 1604
Inscribed 'W. Walter 1604' and 'Jam. Morris'
STC 12407
Ashmole 1030 (2)

X24 Manuscript *Life of Sir John Hawkwood* by JM
MS Ashmole 823
Referred to by J. Temple-Leader and G. Marcotti,
Sir John Hawkwood, Lond. 1889, pp. 2–3.

X25 Howson, J.,
A Second Sermon preached at Paul's Crosse,
4° Lond. 1598.
STC 13883
Inscription 'sum Johannis Morris' deleted; MS notes
not by JM.
Bodley 4° B.25 Th.

X25A James, T.,
Catalogus Librorum in Bibliotheca Bodleiana,
4° Oxf. 1620.

STC 14450
Inscribed by JM ''ερχεται νυξ'
4° Rawl. 597

X26 Schönbornius, B.,
Computus Astronomicus, 8° Witeb. 1579
Inscribed 'ex libris Edw. Pococke'
Bodley 8° Med.R.93

OXFORD, EXETER COLLEGE

X27 *An Exact Collection of all Remonstrances . . .
between the King's Most Excellent Majesty and His
High Court of Parliament . . . December 1641 . . .
untill March the 21, 1643*, 4° Lond. 1642.
Wing E1532
No pressmark given

WALTHAM, MASSACHUSETTS, BRANDEIS
UNIVERSITY LIBRARY

X28 Postel, G.,
Linguarum duodecim characteribus . . . introductio,
4° Par. 1538.
Inscribed by JM ''ερχεται νυξ'; also inscribed
'Desportes', i.e. Philippe Desportes (1546–1606);
with bookplate of Robert Spearman of Oldacres
Esq., Durham (1703–60).
H. P. Kraus Ltd, New York, Catalogue 122 (1968)
lot 51.
No pressmark given

WORCESTER, MASSACHUSETTS, AMERICAN
ANTIQUARIAN SOCIETY

X29 Herrenschmidt, Jacobus,
Osculologia Theologo-Philologica, 16° Witt., 1630
Inscribed 'Matheri 34 cts.'
D.48

X30 Reuchlin, Johannes,
Lexicon Hebraicum, fol. Basileae [1537]
Inscribed by JM ''ερχεται νυξ'. Other inscriptions: 'ex
Bibl. P. de Cardonnel 1651'; 'Crescentii Matheri
Liber London 1691'. Bookplate of Isaiah Thomas
(1749–1831).
G.170/M427/R442/F

X31 Valla, Laurentius,
De Collatione Novi Testamenti, 12° Amst. 1630
Inscribed by JM ''ερχεται νυξ'. Other inscriptions:
'Crescentius Matherus'; 'S. Matheri 1760'; '50 cts.'.
D.50
For an account of Increase Mather's Library see
J. H. Tuttle, 'The Libraries of the Mathers', *Proc.
Amer. Antiq. Soc.*, xx (1910), pp. 268–359 and H. J.
Cadbury, 'Harvard College and the Libraries of the
Mathers', *Proc. Amer. Antiq. Soc.*, L (1940), pp.
20–48.

INDEX OF OWNERS

CONCORDANCE OF SHELFMARKS

442.h.12(1)	**738**	513.a.38(2)	**1448**
442.h.12(2)	**737**	516.c.4	**560**
443.c.17	**25**	517.a.43	**1307**
445.a.2	**502**	517.b.6(1–3)	**1308**
463.b.2	**179**	517.m.2	**74**
470.a.2	**249**	518.a.44	**1208**
473.g.12	**62**	519.i.15(1)	**971**
474.f.1	**32**	519.i.15(2)	**75**
475.a.17	**37**	521.a.19	**1289**
475.b.18	**1199**	521.d.5	**1236**
475.b.19	**1200**	521.d.6	**1237**
476.e.11	**894**	521.e.8	**12**
478.a.8(1)	**701**	521.e.14	**853**
478.a.8(2)	**702**	521.e.22	**545**
478.a.11	**175**	521.e.24	**990**
483.e.4	**8**	521.f.18	**678**
485.d.18	**115**	521.k.8	**103**
486.a.11	**1264**	522.a.6	**86**
486.a.23(1)	**31**	*522.a.7*	**760**
486.a.23(2)	**1054**	522.a.15	**510**
487.g.14	**1249**	522.b.10(1)	**235**
487.g.16	**494**		**236**
487.h.16	**307**	522.b.10(2)	**234**
	392		**237**
487.h.17	**371**	522.c.6	**1386**
490.b.30	**429**	522.k.5	**827**
	430	523.a.1(1)	**622**
490.b.32	**858**	523.a.1(2)	**1225**
490.i.3	**334**	523.a.3(1)	**513**
490.k.19	**251A**	523.a.3(2)	**418**
	1031A	523.a.3(3)	**745**
491.c.9	**154**	524.a.25	**308**
491.k.2	**957**	524.a.31	**199**
498.b.25(1)	**271**	524.c.35	**1418**
498.g.1	**1266**	524.d.5	**918**
500.f.7	**387**	524.d.10	**1269**
501.g.1(1)	**959**	524.d.18	**50**
501.g.1(1, 2)	**476**	524.f.27	**1354**
506.a.12(1)	**657**	525.a.11	**1353**
506.a.12(2)	**1232**	525.c.13	**394**
508.f.8	**407**	525.e.48(2)	**875**
509.g.2	**568**	525.i.14	**393**
513.a.38(1)	**1163**		**396**

527.a.33	**791**	580.c.19	**1314**
527.b.8	**171**	580.e.30(1)	**99**
528.b.2	**212**	580.e.30(2)	**100**
528.e.28	**740**	580.g.4	**1067**
534.a.2	**1114**	581.b.2	**623A**
534.d.39(1)	**997**	582.b.23	**802**
534.f.33	**126A**	582.f.8(1)	**288**
534.i.7	**408**	582.f.8(2)	**289**
536.g.3(1)	**291**	582.f.21	**1461**
537.c.6(1–4)	**1346**	582.h.2	**870**
537.c.10	**668**	582.l.13	**803**
537.m.11(1)	**1016**	583.b.20	**1**
537.m.11(2)	**213**	583.i.8(1)	**285**
538.l.1	**648**		**456**
544.f.3	**1274**		**994**
546.b.4	**43**	583.i.8(2)	**257**
546.l.16(1)	**57**	584.a.9	**455**
546.l.16(2)	**64**	585.i.19	**1156**
548.b.7	**263**	586.b.11(2)	**940**
548.e.11(1)	**21**	586.c.5	**273**
548.e.11(2)	**580**	586.c.19	**1439**
549.b.15	**1334**	586.d.21	**1438**
551.a.5	**306**	587.a.21(1)	**911**
557*.e.27	**1157**	587.a.21(2)	**910**
558*.c.17	**316**	587.a.22	**912**
559*.c.2	**1431**	587.b.20	**1231**
566.e.9	**1015**		**1292**
567.f.22	**248**	587.c.5	**829**
568.a.18	**1298**	587.f.11	**877**
568.b.10	**1387**	587.h.11	**1333**
568.b.22	**170**	588.a.23	**1044**
570.a.24	**1414**	588.b.2	**529**
	1417	588.b.21	**917**
571.b.1	**399**	588.b.22	**916**
573.a.20	**667**	588.c.2,3	**1332**
574.e.3	**1227**	589.a.9(1, 2)	**1301**
574.e.26	**996**	589.a.9(3, 4)	**1254**
575.d.3	**1255**		**1416**
575.d.9	**1076**	589.a.14(1)	**1043**
575.e.1(2)	**406**	589.a.14(2)	**1230**
575.i.17	**250**	589.b.11	**576**
576.a.3	**1122**	589.f.16(1)	**1355**
576.a.5	**472**	589.f.16(2)	**1083**
576.a.28(1)	**1335**		**1371**
576.a.28(2)	**1336**	589.l.6	**358**
576.b.1	**906**		**987**
576.c.2(1)	**439**	*589.l.17*	**722**
576.c.2(2)	**440**	590.a.30	**551**
576.c.21	**812**	*590.b.9*	**665**
576.c.29	**811**	590.g.13	**1311**
576.d.13	**1440**	590.k.10	**670**
576.m.14	**1323**	590.l.13	**1121**
580.a.3	**1189**	591.c.3	**425**

591.c.32	311	596.e.7	30
591.c.33(1)	1453	596.e.8	590
591.c.33(2)	611	596.f.1	541
591.c.33(3)	492	596.f.5	431
591.d.26	318	596.f.7	294
591.e.26	264	596.f.8	671
591.e.27	583	596.f.9	781
592.b.5(5)	905	596.f.18(1)	594
592.b.10	433	596.f.18(3)	435
592.c.20	345	596.g.3	1040
592.c.21	864	596.g.17	1419
593.f.2	397	596.h.6	1324
594.b.3(1)	626	596.h.15	240
594.h.6–9	1360	596.i.8(1)	1027
594.i.2	1058	596.i.8(2)	1211
595.e.32	1132	596.i.8(3)	1362
595.h.6	7	596.i.18	1197
	554	596.k.6	245
	610	598.a.1, 2	1407
	1361	598.a.19	1428
595.i.9	601	600.a.6	1408
595.k.11	651	600.a.8	310
595.k.12	652	602.b.6	522
595.k.14	2	602.c.32	941
	16	604.a.17(5)	834
	895	604.l.2	22
595.k.16(1)	1224	605.a.30(1)	1280
595.k.16(2)	586	605.a.30(2)	967
596.a.6	1195	605.a.30(3)	1192
596.a.9(1)	691	605.b.6	206
596.a.9(2)	457	605.b.49	230
596.a.9(3, 4)	1395	605.d.18(1)	549
596.a.9(5)	300	605.d.18(2)	550
596.a.9(6)	301	605.d.18(3)	226
596.a.9(7)	1174	605.d.18(4)	1206
596.a.9(8)	56	605.d.18(5)	185
596.a.9(9)	826	605.d.26	181
596.a.10(1)	535	605.f.1	106
596.a.10(2)	427	605.f.4	543
596.a.10(2*)	78	605.g.8(1)	548
596.a.10(3)	830	605.g.8(2)	1258
596.a.13(1)	317	605.g.8(3)	968
596.a.13(2)	194	606.a.17	1028
596.a.13(3)	506	606.a.24	655
596.a.13(4)	698	606.b.8	17
596.a.13(5)	1420A	06.b.27	381
596.a.13(6)	126	606.c.22(1)	852
	133	606.c.22(2)	728
596.a.22(1–7)	1299	606.c.22(3)	742
596.a.22(3)	113	606.c.24	24
596.a.23	385	607.m.2	1053
596.a.24	934	608.e.3	1238
596.b.32	1041	608.i.10(2)	13
596.c.8	1209	608.i.24	386

608.k.10	270	673.g.17	258
608.l.18	382	674.l.9	613
609.c.23	724	688.a.23	1129
610.a.19	778A	*690.b.6*	622A
610.b.2	1447	692.e.5(1)	1111
610.c.20	712	692.e.5(2)	762
	1130		763
610.c.22(1, 2)	715	696.a.1	23
610.c.22(3)	716	698.9.6(2)	974
610.c.23(1)	713	700.e.17(1)	1079
610.c.23(2)	1133	700.e.17(2)	780
611.a.33	348	700.e.17(3)	1169
613.b.2	965	700.e.17(4)	1294
613.c.2	134	700.e.17(5)	1170
613.k.6(3*)	685		1260
617.d.13	282	700.e.17(6)	1295
619.g.27	1024	700.e.17(7)	1171
621.b.24(1)	266	701.a.5(1)	508
623.b.1	1393	701.a.5(2)	512
623.b.5(1)	1394	701.a.5(3)	467
623.b.5(2)	878		1297
623.b.16	619	701.a.9(1)	473
	879	701.a.9(2)	930
623.c.3(1, 2)	659	701.c.3(1)	325
623.m.7	1251	701.c.3(2)	326
624.a.32	726	702.k.6	176
	1462	707.b.15	850
625.b.8	747	715.c.8(1)	462
625.d.39	1134	715.c.8(2)	441
625.i.15	53	715.c.8(3)	705
626.b.3	669	718.b.12	299
626.c.34	178	718.c.4	150
627.d.8	486		151
627.d.17(1)	1060	719.c.6(7)	660
627.d.17(2)	832	719.e.1	1117
627.l.4	573	719.k.5	205
627.l.16(1)	945	720.b.1(1)	727
627.l.16(2)	946	720.b.1(2)	1141
628.h.1	1085	720.c.1	840
631.l.6	464	721.a.6(1)	1406
631.l.15	1112	721.a.6(2)	979
634.g.9	197	721.a.6(3)	597
635.l.27	553	721.a.6(4)	257
635.m.7(1)	520	721.a.6(5)	452
635.m.7(2)	521	721.a.21	523
636.c.22	1366	721.b.6	824
636.c.33	18	721.c.7	634
637.g.26	1194	721.c.10	689
637.g.29	65	721.c.12	688
637.i.13(1)	1077	721.c.26	538
638.h.1	1069	721.d.5	993
639.f.1	208	723.b.7	189
639.k.3	677	724.e.20(1)	1119
672.a.25(5)	70	724.e.20(2)	891

731.b.7	561	836.k.12	346
731.b.9	1012	837.g.14(1)	1315
731.k.1	1385	837.g.14(2)	779
773.b.2	329	837.g.14(3)	782
779.c.10	231	837.g.25	1358
779.e.3	1404	837.g.28(1)	1020
783.i.3	656	837.g.28(2)	1032
790.g.6	1262	837.g.28(3)	975
790.g.20	1059	837.g.28(4)	976
795.d.3(1)	558	837.h.11	400
795.d.3(2, 3)	540	837.i.3	177
795.d.3(4)	949	839.e.3	207
795.d.4	599	839.h.24(1)	1198
795.g.1	344	839.h.24(2)	136
795.g.8	989	839.k.13	101
795.g.9(1)	903	839.k.16	1118
795.g.9(2)	978	840.a 4	498
796.g.12(1)	252	844.d.8	559
796.g.12(2)	48	845.a.5	869
796.g.12(3)	729	846.a.7	546
799.c.15	793	846.e.23	1002
802.a.4	4	*846.f.20*	555
802.b.4	786	846.k.10	63
803.l.1	1088	846.l.18	1131
831.b.21(1)	363	847.e.7	14
831.b.21(2)	556	847.h.12	108
831.b.21(3)	1179	847.h.16(1)	1316
831.b.21(4)	988	847.h.16(2)	862
831.b.21(5)	881	848.a.11	1056
831.b.21(6)	105	848.f.25	1409
831.b.21(7)	885	848.i.12	675
831.b.21(8)	886	849.i.6	182
831.b.21(9)	1190	849.k.9	581
832.b.1	833		1364
832.c.19	482	850.c.9	1145
833.k.2	469	850.c.10	139
834.a.1	470	850.l.9	643
834.c.12(1)	1021	852.l.1	38
834.c.12(2)	1022		45
835.d.1	54		1005
835.d.5(1)	79		1457
835.d.5(2)	80	853.a.12	484
835.d.25	1319A	854.a.24	1193
835.e.31	874	854.f.1	547
835.f.16(14)	1437	854.g.17	1337
835.f.17(1)	796	856.a.6	943
835.f.17(2)	449	856.a.10	744
835.f.17(3)	493	858.a.4	130
835.f.17(4)	454	859.k.4	340
835.f.17(5)	60	860.a.6	72
835.h.6	604	860.b.12(1)	1191
836.a.3	111	860.b.12(2)	753
836.f.34	799	860.b.12(3)	955
836.h.6(1, 2)	1046	860.b.15(1)	1446

860.b.15(2)	**210**	967.a.21(2)	**339**
	1389	967.a.12	**536**
860.c.7	**755**	967.k.16(1)	**805**
860.c.10(1)	**752**	967.k.16(2)	**854**
860.c.10(2)	**751**	968.e.9	**767**
860.c.26	**756**	970.i.2	**790**
860.c.27	**542**		**1352**
860.d.9(1)	**444**	972.e.3	**485**
860.d.9(2)	**964**	975.c.3	**1103**
860.d.9(2*)	**1055**	976.e.21	**121**
860.d.9(3)	**954**	978.b.8	**924**
860.d.9(4)	**132**	996.a.1	**1319**
860.d.9(5)	**526**	996.a.19	**1318**
860.d.9(6)	**525**	*997.b.5*	**47**
860.d.9(7)	**131**	997.b.13	**723**
860.d.30	**293**	999.a.14	**843**
860.d.34	**10**	1000.a.7	**1273**
860.f.8	**1320**	1000.b.4	**1102**
860.h.10	**67**	1000.b.6	**1099**
860.i.26	**187**	1000.f.23	**1426**
860.i.27	**1035**	1000.g.16(1)	**841**
860.k.16(4)	**758**	1000.g.16(2)	**1001**
860.k.19(1–4)	**1392**	1000.k.1	**1101**
860.k.19(4)	**754**	1001.a.5	**839**
	1441	1001.f.2(1)	**787**
860.l.7	**188**	1001.f.2(2)	**1062**
861.b.26	**238**	1002.a.3	**88**
861.e.9	**570**	1002.c.10	**733**
861.e.14	**305**	1003.a.6, 7	**1350**
861.i.8	**1033**	*1008.a.12*	**1052**
862.c.6	**533**	1008.a.21	**268**
862.d.16(1)	**937**	1010.a.9	**1014**
862.d.16(2)	**938**	1010.c.17	**183**
862.e.24	**1443**	*1010.d.3(1)*	**1051**
862.g.6(1)	**350**	1012.a.6	**1363**
862.g.6(2)	**1263**		**1415**
862.g.15(1)	**694**	1016.b.16(1)	**1349**
826.g.15(2)	**888**	1016.b.16(2)	**865**
862.i.3	**274**	1019.a.14	**428**
863.b.20	**1381**		**1388**
864.b.7	**1405**	1019.a.17(1)	**1421**
867.e.2	**1373**	1019.a.17(2)	**1146**
877.b.4	**711**	1019.b.6	**1291**
878.b.3	**627**	1019.e.5	**1034**
878.e.1	**1196**	1019.g.3	**1296**
878.i.12	**1138**	1020.e.2(4)	**1026**
882.a.7	**876**	1020.e.20	**1159**
884.h.31	**980**	1020.k.3	**985**
884.h.32	**800**	1030.a.10(1)	**320**
	801	1030.a.10(2)	**321**
901.b.1–15	**932**	1030.c.10	**332**
901.c.2–12	**935**	1030.c.18(1)	**445**
901.d.1–12	**935**	1030.c.18(2)	**446**
957.c.27	**195**	1030.c.19	**447**

1034.e.6	390	1058.a.20(1)	423
1037.c.6	95	1058.a.20(2)	907
	1092	1058.a.20(3)	960
1038.b.14	1048	1058.a.20(4)	961
1038.c.6	1257	1058.a.20(5)	1047
1038.d.10	442	1058.a.21(1)	552
1038.g.10	1144	1058.a.21(2)	956
1038.h.8	55	1058.b.11	1096
1039.g.5	383	1058.b.16	314
1039.h.14(1)	275	1058.b.19	419
1039.i.9	578	1058.b.24	845
1040.a.8	343	1058.b.25	1064
1043.f.10	614	1058.b.26(1)	849
	1430	1058.b.26(2)	503
1043.h.1	672	1058.c.13	1276
1043.l.4	1018	1058.e.2	520A
1046.h.6	872	1058.h.13(1, 2)	216
1048.b.9(1)	1413	1058.h.13(3)	217
1048.b.9(2)	1460	1058.h.13(4)	218
1053.a.18	405	1058.h.13(5)	1204
1053.b.19(1)	958	1058.h.13(5*)	1205
1054.b.19	936	1058.h.13(6)	312
1054.b.35	1158	1058.h.13(7)	219
1054.h.5(2)	412	1058.h.13(8)	696
1054.h.8	761	1058.h.13(8*)	220
1054.h.31(2)	760	1058.h.13(9)	221
1055.a.20(2)	1009	1058.h.13(10)	222
1055.g.2(1)	391	1058.h.13(11)	223
1055.g.2(2)	598	1058.h.13(12)	224
1055.g.2(3)	1452	1058.h.13(13)	225
1055.g.7	939	1058.h.13(14)	313
1055.h.19	700	1059.a.2(1)	243
1056.b.5(1)	882	1059.a.2(2)	1247
1056.b.5(2)	679	1059.a.2(3)	514
1056.l.1(2)	287	1059.a.4(1)	644
1057.a.19	33	1059.a.4(2)	1042
1057.b.28(1)	432	1059.a.4(3)	1338
1057.b.28(2)	436	1059.a.4(4)	1369
1057.b.28(3)	437	1059.a.4(5)	962
1057.b.36	532	1059.a.5(1)	817
1057.h.28	953	1059.a.5(2)	1379
1057.k.4	409	1059.a.5(2*)	1378
1058.a.3(1)	1160	1059.a.5(3)	298
1058.a.3(2)	860	1059.a.5(3*)	818
1058.a.11(1)	1165	1059.a.5(5)	819
1058.a.11(2)	1166	1059.a.5(6)	487
1058.a.11(3)	1167	1059.a.5(7)	518
1058.a.11(4)	124	1059.a.5(8)	820
1058.a.14(1)	866	1059.a.5(9)	97
1058.a.14(2)	509		98
1058.a.15(1)	592	1059.a.5(10)	636
1058.a.15(2)	1248	1059.a.5(11)	637
1058.a.17	28	1059.a.5(12)	214
1058.a.19	468	1059.a.5(13)	966

1059.a.5(14)	244	1068.b.20	1425
1059.a.5(15)	1029	1068.b.27	1434
1059.a.5(16)	695	1068.d.5	1348
1059.a.5(17)	1396	1068.f.4	710
1059.a.7	593		734
1059.a.10	1155	1068.g.7	44
1059.a.12(1)	1017	1068.i.16(1)	788
1059.a.12(2)	422	1068.i.16(2)	1063
1059.a.13	190	1068.l.3	896
	450	1069.a.43	1137
1059.a.14(1)	1176	1069.b.16(1)	537
1059.a.14(2)	595	1069.b.16(2)	1135
1059.a.14(3)	191	1069.b.16(3)	1220
1059.a.14(4)	192		1278
	193	1070.a.16(1)	302
1059.a.17(1)	1241	1070.a.16(2)	682
1059.a.17(2)	1244	1070.c.3	1326
1059.a.17(3)	1242	1070.c.13(1)	565
1059.a.17(4)	1243	1070.c.13(2)	443
1059.a.17(5)	1245		566
1059.a.18(1)	398		951
1059.a.18(2)	1420		982
1059.a.18(3)	981	1070.c.13(3)	149
1059.a.19(1)	770		333
1059.a.19(2)	771		563
1059.a.19(3)	708		567
1059.a.19(4)	1223		983
1059.a.21(1)	448	1070.c.16	1310
1059.a.21(2)	867	1070.d.21	972
1059.a.23(1)	39		973
1059.a.23(2)	420	1070.f.2	534
	424	1070.i.4	808
1059.b.4	654	1070.l.5(1)	806
1059.b.6	584	1070.l.5(2)	807
1059.b.13	585	1070.l.5(3)	491
	717	1070.l.5(4)	474
	913	1070.l.5(5)	1013
1059.b.15	856	1070.m.31(1)	359
1059.b.18(1)	1078	1070.m.31(2)	1304
1059.b.18(2)	923	1070.m.31(3)	262
1059.c.10	347	1070.m.31(4)	137
1059.c.15	1411	1070.a.11(1)	1235
1059.e.31	666	1071.b.5	460
1060.c.3	426	1071.d.15	1275
1060.i.28	336	1071.e.3(1)	674
1061.a.16(1)	813	1071.e.3(2)	1010
1061.c.1(1)	1080	1071.e.4	84
1061.c.1(2)	1081	1071.e.5	1107
1061.c.1(3)	639	1071.e.11	153
1061.c.1(4)	814	1071.f.16(1)	602
1062.l.24	1073	1071.f.16(2)	797
1063.a.20	890	1071.h.25(1–5)	673
1063.c.27	1343	1071.h.25(6)	1120
1067.g.3, 4	730	1071.i.10(1)	683

1071.i.10(2)	**1000**	1074.e.28	**1267**
1071.i.10(3)	**1091**	1074.f.7	**196**
1071.i.10(4)	**1039**	1974.h.4	**1090**
1071.m.8	**1068**	1074.i.16	**357**
1072.a.11	**1399**		**641**
1072.a.23	**871**	1075.e.6	**1201**
1072.c.2	**880**	1075.m.13	**572**
1072.d.6	**1400**	1075.e.3	**366**
1072.e.12	**1265**	1079.a.2	**58**
1072.g.9	**1340**	1079.a.7	**1071**
1072.k.8	**1401**	1079.d.3	**629**
1072.k.9(1, 2)	**1402**	1079.i.1	**59**
1073.a.26(1, 2)	**135**	1079.l.7	**1072**
1073.a.27	**750**	1080.a.2	**201**
1073.b.34	**241**	1080.e.8	**77**
1073.c.4, 5	**145**	1080.f.4	**233**
1073.c.6	**142**	1080.f.19	**1110**
1073.c.8, 9	**141**	1080.f.21	**1456**
1073.c.10	**140**	1080.f.23(1)	**741**
1073.c.12	**138**	1080.f.23(2)	**929**
1073.c.13	**144**	1080.h.4	**620**
1073.c.14	**143**	1081.c.1	**1331**
1073.d.7(1)	**963**	1081.g.12(1–3)	**815**
1073.d.7(2)	**628**	1081.k.1	**1153**
1073.e.8	**893**	1082.b.12	**1272**
1073.f.8	**71**	1082.c.3	**395**
1073.g.31(1)	**1342**	1082.c.7	**1281**
1073.h.20	**27**	1083.e.2	**520A**
1073.h.26	**686**	1084.a.12	**795**
	889	1084.b.14	**211**
1073.l.4	**107**	*1084.c.5(1)*	**1429**
	168	1084.c.17	**690**
	1113	1084.f.20	**1341**
1073.l.44	**157**	1084.g.4	**1019**
1073.l.45	**158**	1084.g.13	**1219**
	159	1084.g.17	**1380**
1073.l.46	**160**	1084.h.1	**926**
1073.l.47	**161**	1084.h.3	**927**
1073.l.48	**162**	1084.h.8	**828**
1073.l.49	**163**	1084.h.12	**128**
1073.l.50	**164**	1084.l.7	**1377**
1073.l.51	**165**	1084.l.8	**928**
1073.l.52	**919**	1084.l.11	**323**
1073.l.53	**166**	1085.f.1	**102**
1073.l.54	**167**	1085.f.3, 4	**104**
1074.a.3	**112**	1085.m.18	**794**
1074.d.12	**352**	1086.a.1(1)	**478**
1074.d.13	**353**	1086.a.1(2)	**479**
1074.d.20	**1226**	1087.c.1(1)	**303**
1074.d.34	**1368**	1087.c.1(2)	**1344**
1074.e.6(1)	**148**	1087.c.2	**519**
1074.e.6(2)	**147**	1087.c.4	**1178**
1074.e.6(3)	**417**	1087.i.13	**931**
1074.e.13	**603**	1088.b.6	**327**
1074.e.26	**1164**		

1088.c.18	539	1195.a.3(2)	335
1088.c.36(1)	986	1195.c.3(1)	718
1088.c.36(2)	883	1195.c.3(2)	719
1089.c.5	481	1195.c.4(1)	692
1089.d.8	635	1195.c.4(2)	588
1089.f.4	1152	1195.c.4(3)	349
1090.k.8	1410	1195.c.4(3*)	90
1121.b.16	837	1195.c.4(3**)	589
1124.g.14	1382	1195.c.4(4)	129
1124.k.5	453	1195.c.4(5)	465
1125.a.7	1313		846
1128.h.1(1)	1188	1195.c.4(6)	887
1128.h.1(2)	1187	1196.a.12	184
1135.b.8	861	1196.e.16	1239
1135.d.15	42		1240
1135.d.30	842	1197.a.12	511
1162.f.1	789	1197.b.2	1050
1187.b.3	1183	1197.b.4	475
1189.a.12(2)	404	1197.b.5	242
1192.h.6(1)	309	*1197.d.14(7)*	247
1192.h.6(2)	1374	1197.d.14(8)	1253
1192.h.6(3)	497	1197.e.15	1116
1192.h.6(4)	848	1197.g.2	591
1192.h.6(5)	500	1197.g.9	82
1193.c.4(1)	1177	1197.i.16	330
1193.c.4(2)	1172	1197.k.20	246
1193.c.4(3)	1175	1198.a.7	855
1193.c.4(4)	693	1199.e.5	1435
1193.c.4(5)	1422	1199.f.16	204
1193.c.4(6)	697	1199.g.5	89
1193.c.4(7)	215	1199.i.16	970
1193.c.4(8)	56A	1200.a.8, 9	909
1193.c.6(1)	605	1200.c.17	703
1193.c.6(2)	483		764
1193.c.6(3)	1300	1200.cc.11	969
1193.c.6(4)	342	1208.c.1	269
1193.c.6(5)	714	1213.a.2	647
1193.c.8(1)	596	1213.a.13(1)	1234
1193.c.8(2)	569	1213.a.13(2, 3)	1011
	863	1213.c.6(1)	495
1193.c.8(3)	606	1213.c.6(2)	1108
1193.c.8(4)	621	1213.c.11	632
1193.c.8(5)	596A	1213.d.16	155
1193.c.8(6)	816	1213.f.12	1357
1193.c.9	630	1213.g.14	921
1193.c.12	169	1213.g.23	1106
1193.g.10–13	1423	1213.h.12	127
1193.h.3	847	1213.h.15	709
1193.i.17	1084	1213.h.19	681
1194.a.22(1)	1305	1213.i.17	838
1194.a.22(2)	1339	1213.i.22	1345
1194.a.22(3)	1330	1213.k.21(1)	1214
1194.a.23	173	1213.k.21(2)	66
1195.a.3(1)	995		118

1213.k.21(2*)	119	C.57.c.23(1)	1433
1213.k.21(3)	120	C.57.c.23(2)	974A
1213.l.2	1250	C.57.aa.1	1186
1213.l.7(1)	1162	C.57.aa.21	1367
1213.l.7(2)	109	C.57.aa.39(1)	93
1213.l.7(3)	1102A	C.57.aa.39(2)	94
1213.l.7(4)	110	C.58.c.26	354
1213.l.12(1)	232	C.58.bb.15	356
1213.l.12(2)	999	C.58.cc.8	524
1486.gg.23	732	C.59.c.34	355
3265.h.5	61	C.63.e.19	229
3834.a.19	20		1398
4014.b.43	1218	C.65.f.4(1)	156
4135.b.67	1139	C.65.f.4(2)	915
4224.a.18	1182	C.65.f.4(3)	322
4824.a.41	1317	C.69.a.7	331
4825.c.9	451	C.69.d.23	892
4827.a.25	315	C.71.b.18	261
9200.f.19	376	C.72.b.4	1328
9200.f.20	377	C.73.a.10	625
9918.e.21	1424	C.73.a.12	290
12934.i.7	1140	C.73.b.3	1282
		C.73.b.9	749
C.20.e.21	1180		757
C.21.a.14(1–4)	1293	C.73.b.11	186
C.22.b.13	1154	C.73.b.12(1)	901
C.27.h.6	1455		902
C.30.e.5	368		1290
C.30.e.34	286	C.73.b.12(2)	1184
C.32.b.23	360	C.73.b.12(3)	1327
C.32.b.24	123	C.73.b.20	516
C.32.c.18	1222	C.73.d.8	1203
C.32.d.40	612	C.74.a.17	26
	748	C.74.c.5	1312
C.32.e.34	792	C.74.c.7(1)	1325
C.32.g.4	463	C.74.c.7(2)	530
C.32.g.18	388	C.74.c.8(1)	279
	587	C.74.c.8(2)	810
C.32.h.9	362	C.74.c.12(1)	1286
C.32.h.10	361	C.74.c.12(2)	1287
	804	C.74.c.12(3)	1288
C.37.1.9	1277	C.74.d.5(1, 2)	341
C.38.e.26	92	C.74.d.10	1216
C.39.d.46	364	C.74.g.8	1459
C.39.d.54	365	C.74.h.5	501
C.40.c.73	884	C.74.h.7	375
C.45.b.26	69	C.74.h.8	338
	280	C.75.b.4(1–3)	947
	1089	C.75.b.10(1)	477
C.53.i.12(1)	1147	C.75.b.10(2)	9
C.53.i.12(2)	1148		1023
C.53.i.12(3)	1149		1309
C.53.i.12(4)	1150	C.75.b.25	180
C.53.i.12(5)	1151	C.75.b.26	684
C.56.c.4(1, 2)	731		

C.75.c.20	1082	C.78.b.7	615
C.75.d.2	836		616
C.75.d.5	458		617
C.75.d.7	531		618
C.75.d.8(1)	897		743
C.75.d.8(2)	1372		950
C.75.d.11	40		1115
C.75.d.12	283		1212
C.75.d.14	260		1403
C.75.d.16	1057	C.78.c.2	1283
C.75.h.1	952		1284
C.75.i.5	378		1285
C.76.a.11	1045	C.78.d.7	1210
C.76.a.12	650	C.78.e.7	1268
C.76.c.2(1)	638	C.78.e.9	35
C.76.c.2(2)	6	C.78.f.2, 3	822
C.76.c.2(3)	914	C.78.f.4(1)	1125
C.76.c.11(1)	198	C.78.f.4(2)	1126
C.76.c.11(2)	1003	C.78.f.13	1436
C.76.c.11(3)	1390	C.79.c.4	292
C.76.c.11(4)	1003	C.79.c.10, 11	116
C.76.c.11(5)	1233	C.79.e.4	1161
C.76.c.14	227	C.79.e.9	68
C.76.c.17	783	C.79.f.10	1347
C.76.d.9(1)	1375	C.80.a.15	868
C.76.d.9(2)	461	C.80.b.13(1)	608
C.76.d.9(3)	1376	C.80.b.13(2)	1168
C.76.d.14	255	C.80.b.13(3)	992
C.76.e.3	784	C.80.b.14	898
	785	C.80.c.8	835
C.76.g.2	579	C.80.c.10	1432
C.76.i.5	1391	C.80.d.1(1–6)	823
C.77.a.2	152	C.80.d.7	920
C.77.a.13	1256	C.80.e.8	19
C.77.a.15(1)	1123	C.80.i.2	1097
C.77.a.15(2)	1124	C.81.b.12	265
C.77.a.16	778	C.81.b.24	1351
	1213	C.81.c.13(1)	304
C.77.a.17	1252	C.81.c.13(2)	421
C.77.a.30	1036	C.81.c.15	517
	1037	C.81.f.3	759
C.77.b.3	831	C.81.h.9	825
C.77.b.9	687	C.81.k.11	633
C.77.b.21	295	C.82.b.4	488
C.77.b.22	984	C.82.b.7	1397
C.77.c.3(1, 2)	991	C.82.k.7	374
C.77.c.6	87	C.82.k.8	380
C.77.c.8	1383	C.82.k.9	379
C.77.c.19	904	C.83.a.14	1229
C.77.f.6	480	C.83.b.2	96
C.77.g.13	977	C.83.b.8	571
C.78.b.6	998	C.83.b.13	1458
C.78.b.7	5	C.83.d.11	251
	46	C.83.d.12	1185

C.83.d.15	1207	IB.17452	1049
C.83.h.1	609	IB.23664	1025
C.83.h.2	1181	IB.24406	873
C.83.h.3	1444	IB.28447	1098
C.83.h.4	1094		
C.83.h.5	1093	G.16859	52
	1095	G.17456	1450
C.83.h.10	504		
C.83.i.6	146	IX Lat.283	646
	402		
C.97.c.5	777	L.15.f.4	174
C.108.a.28	411		
C.111.a.12	490	Maps 39.a.6	172
C.112.a.20	401	Maps C.8.a.2	746
C.114.b.37	944		
C.115.f.2	725	Bodley Vet.G.2.e.2	351
C.116.c.5	254		
C.116.g.2	496	Birrell, Nijmegen	76
C.117.b.10	1279		
C.122.a.13(1)	3	New York Public	
C.122.a.13(2)	1259	Library, Lenox	
C.122.a.13(3)	699	Coll	707
C.122.bb.19	1384		
C.122.c.13	1427	Folger Shakespeare	
C.123.b.2(1)	1270	Library	749A
C.123.b.2(2)	1271	probably	256
C.123.b.2(3)	51		
		Pierpont Morgan	
		Library	1202
IA.40884	459		
IB.17452	528	Worcester College,	
		Oxford	1086